나의 성소, 싱크대 앞

죠이선교회는 예수님을 첫째로(Jesus First)
이웃을 둘째로(Others Second)
나 자신을 마지막으로(You Third) 둘 때
참 기쁨(JOY)이 있다는 죠이 정신(JOY Spirit)을 토대로
하나님 나라의 확장을 위해 지역 교회와 협력, 보완하는
선교 단체로서 지상 명령을 성취한다는 사명으로 일합니다.

죠이선교회출판사역부는 그리스도를 대신한 사신으로
문서를 통한 지상 명령 성취와 하나님 나라 확장을 위해 노력합니다.

《나의 성소, 싱크대 앞》

Copyright ⓒ 2016 정신실

이 책의 저작권은 저자와 독점 계약한 죠이선교회에 있습니다.
신 저작권법에 의하여 한국 내에서 보호받는 저작물이므로 무단 전재와 무단 복제를 금합니다.

죠이북스는 죠이선교회의 임프린트입니다.

EVERYDAY DIARY

나의 성소 싱크대 앞

정신실 지음

죠이북스

차례

들어가는 글　　　　　　　　　　　　　　　007

가을

1장　일상愛 천상에　　　　　　　　　　　011
2장　아버님의 소주잔　　　　　　　　　　017
3장　이야기 정거장1　　　　　　　　　　025
4장　사모이기 전, 인간　　　　　　　　　031
5장　내 인생 단 한 번의 수련회　　　　　039
6장　넌텐도 고민　　　　　　　　　　　　045
7장　엄마의 미안한 육체　　　　　　　　051

겨울

8장　'아직도 가야 할' 엄마의 길　　　　　059
9장　내 아들의 일기를 묵상함　　　　　　065
10장　기도보다 울컥한 따신 밥 한 끼　　073
11장　레위인 콤플렉스　　　　　　　　　079
12장　누구를 위하여 성탄의 종은 울리나　087
13장　하나님, 당신께 실망했습니다　　　095
14장　육적인 인간, 영적인 커피에 상처받다　101

봄

- **15장** 하나님께는 손주가 없다   109
- **16장** 딸의 입학식에 꺼내 본 오래된 일기장   117
- **17장** 잃어버린 노래, 어린이 찬송   123
- **18장** 질문, 의문, 좁은 문   129
- **19장** 이야기 정거장2 – '아롱지고 다롱지다'   137
- **20장** 5월 5일과 8일, 둘 사이에 끼었으니   145
- **21장** 주름 자글자글 여대생들   151

여름

- **22장** 사춘기, 사추기   159
- **23장** 나의 페이스북 회심기   165
- **24장** 밥하는 아내, 신문 보는 남편   171
- **25장** 나의 성소, 싱크대 앞   179
- **26장** 어느 모태 바리새인의 회심   185
- **27장** 기도의 길을 찾아서   195
- **28장** 이 거룩한 현재   205

들어가는 글
나의 성소, 싱크대 앞

"너는 항상 행복해 보여. 그런 네가 참 부러워."

이 말이 어쩐지 잊히질 않습니다. 중학교 2학년 때 친구에게 받은 쪽지에 적혀 있었지요. 당시 저로 말씀드릴 것 같으면 아버지를 잃은 지 채 1년이 되지 않은 사춘기 여자아이였거든요. 친구들 앞에서 짱고 까불며 지었던 웃음은 슬프고 누추한 나를 감추는 위장술이었을 텐데, 친구는 제대로 속아 넘어간 것입니다. 실은 밤마다 아버지가 그리워 울었습니다. 아버지라는 비빌 언덕이 없어지자 하루아침에 돌변한 세상은 낮도 밤처럼 어두웠고요. 친구가 본 제 모습이 진실이었으면 싶었습니다. 여전히 아버지가 계시고, 가난하지도 않고, 슬프지도 않고 '항상 행복한' 나였다면요.

'항상 행복해 보이는 나'와 이른 나이에 생의 무게를 알아 버린 '실제의 나' 사이 불화를 중재한 것은 밤마다 쓰는 일기였습니다. 삶의 짐을 글로 옮기고 나면 묘하게도 무게감이 달라집니다. 이 희한한 경험은 저로 하여금 일상 쓰기를 멈추지 못하게 했습니다. 경험에 세월이 더해지니 순환 고리 하나가 모습을 드러냅니다. 하루의 번뇌는 글이 되고, 써 놓은 글은 하루를 새롭게 바라보는 관점이 되는 것입니다. 나선형 선순환의 고리는 어느 한 지점을 향하는 것 같더군요. 어머나, 그 지점은 영원에 잇댄 일상의 반짝이는 순간이었습니다. 빽빽하게 들어선 나무로 빛이 들어올 틈 없는 일상의 숲에서 만나는 빈터였습니다. 거기로 갑자기 들이치는 천상의 빛이었습니다. 내 일상보다 더 큰 실재를 향해 눈이 열리고 사유의 지평이 열리는 공간이었습니다. 설거지감이 쌓인 싱크대 앞에서도 순간 이동으로 다다를 수 있는 공간이었습니다.

직업을 가지고 아내이며 엄마로 사는 것, 딸이며 며느리이며 동시에 이 시대 부끄러운 이름 목회자의 아내로, 그리스도인으로 사는 나날은 수고하고 무거운 짐입니다. 그 짐 모두 사라지고 '항상 행복한' 날이 있으려나요. 다행히도 저의 선생님, 상담자, 구세주 그분이 수고하고 무거운 짐 진 저를 부르셨어요. 쉬운 멍에, 가벼운 짐을 함께 메고 같이 지고 가자고요. 수고하고 무거운 제 일상의 짐들, 그분께 나아갈 필요충분조건이 된다니 당장 눈앞에서 사라지길 바랄 게 아니더군요. 자, 이제 저의 '수고하고 무거운 짐' 보따리 일상으로 여러분을 초대하겠습니다. 무거운 짐이 쉽고 가벼워지는 신공을 보실 수도 있어요. 비밀인데요. 제게는 오랜 시간 갈고 닦은 기예가 있답니다. 일단 저의 성소(聖所) 싱크대 앞으로 오세요. 거기서 뵈어요!

가을

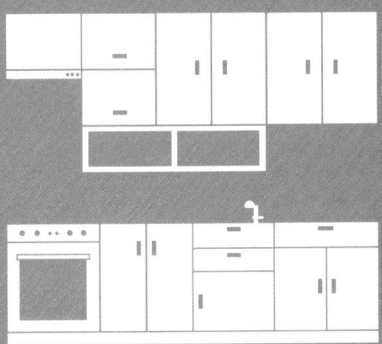

1장
일상愛 천상애

 주일, 이른 저녁을 차려 두 아이 식탁에 앉혀 놓고는 강변 산책을 나간다.
 "우와 맛있겠다. 엄마, 갔다 와. 다 먹고 책 보고 있을게!"
 엄마를 놓아주는 흔쾌한 목소리가 벌써 마음을 가볍게 한다. 걷기에 딱 좋은 날씨다. 기분 좋게 시원한 바람이 뺨을 스친다. 여름 한 철 내 머리 위에서 무더위를 인내해 준 검푸른 잎들이 흔들린다. 한결 가벼운 느낌으로 살랑거린다. 살랑이는 나뭇잎처럼 바람의 리듬을 따라 걸으니 콧노래도 새어 나올 판이다. 건너편에서 걸어오는 이가 누구일지라도, 설령 오래 화해하지 못한 그녀(또는 그)라 할지라도 반가이 웃으며 인사할 수 있을 듯 마음이 가볍다.

 '아차차! 오늘 설교 다시 듣기 해야지.'

유난히 마음을 뜨겁게 했던 설교를 다시 듣기 위해 스마트폰에 연결된 이어폰을 귀에 꽂는다. 달팽이관에 직통으로 꽂히는 목사님의 차분한 목소리와 절제된 언어의 한 마디 한 마디가 내 마음의 발걸음을 한 발 한 발 사도행전 속으로 끌고 간다. 몸은 마포 한강변에 있지만 마음만은 어느새 수리아와 길리기아로 다니며 가정 교회들을 견고케 하는 사도 바울과 실라 선교 팀의 일행이 된다. 안디옥 교회 목회자로서의 편안한 삶을 자발적으로 포기하고 두 번째 선교 여행을 떠난 그 험난한 여행 말이다. '아, 참 좋다. 이대로 계속 걸으면 주님을 만날 것만 같다'며 은혜의 도가니탕에 빠지려는 순간. 설교가 뚝 끊어지고 '똥땅 띵땅 띵땅땅땅 똥띵땅땅…….' 스마트폰 벨이 울린다.

"엄마, 어디야~아? 내가 궁금한 게 있는데……, 음식이 몸에 들어가서 모여 있는 데가 어디야? 위지? 나는 위가 작은가 봐. 아니~이……, 다 먹을 수는 있는데 버섯을 못 먹겠어. 알았어. 그러면 최대한 먹어 볼게. 엄마 지금은 어디쯤이야? 빨리 와."

집을 나서면서 차려 준 밥을 여지껏 깨작거리고 있는 작은 녀석의 목소리다. 양파와 버섯만 기가 막히게 골라내 남겨 뒀을 터다. 뚝 끊긴 설교에 약간 예민해지긴 했지만 애써 아이의 마음을 읽어 주고 받아 주며 따뜻하게 통화했다. 내 영혼은 지금 은혜의 도가니탕에 반신욕 정도는 하고 있는 셈이니까. 자, 흐트러진 몸과 마음을 재정비하고 이어폰을 고쳐 꽂으며 다시 선교 팀에 합류한다.

"한 사람이 (자발적으로) 자기 권리를 포기하면 그로 인해 여러 사람의 믿음이, 삶이 견고해집니다. 바로 그것이 하나님의 법칙이요, 생명의 원리입니다." 아, 이 부분이었어. 아까 설교 시간에 이 말씀을 들을 때 내 마음이 뜨거워졌었지. 자발적인 자기 포기! 이것이 바로…… 하는 순간 선교 여행 팀원인 나를 마포 나루로 끌고 오는 '똥땅 땡땅 땡 땅땅땅 똥땡땅땅……' 벨소리. "또 왜애?" "엄마, 그런데 누나가 자꾸만 자기 할 일은 안하고 나를 놀려. 내가 빌려 온 책인데 뺏어서 감췄어. 그리고 내 머리를 때렸어." (야아, 니가 먼저 나를 밀었잖아. 엄마, 엄마! 김현승 거짓말이야) 수화기 너머의 남매간 전쟁에 참을 만큼 참았다 싶은 엄마 본능이 올라온다. "그만해. 너희 계속 싸우고 있어. 엄마 들어가면 둘 다 혼날 줄 알아." 목소리가 커지는 건 겨우 참았지만 속에서 치밀어 오르는 화는 감출 길이 없다. 늘 이런 식이다.

아이들은 이렇게 시도 때도 없이 내 고요한 묵상의 시간을 침범하고, 내 고요한 내면을 휘저어 구정물이 되게 한다. (씩씩) 이러는 사이 한참 멀어졌던 이어폰 속 목사님 설교가 다시 들리기 시작한다. 다시 한 번 더 애써 마음을 가라앉히고 아까 그 새털 같은 가벼움 속으로 돌아가 보려 한다. 그러나 봉인이 풀린 아이들의 전화질은 바로 이어진다. "엄마, 어디야? 엄마 그런데 집에 오면 우리 진짜 야단칠 거야? 누나랑 화해했어. 야단치지 마. 나 뭐해? 일기 쓰고 뭐해?" 이 정도 되면 사도행전 속으로 돌아가기에 너무 먼 곳까지 온 셈이다. 이미 그 홀리(holy)하던 마음이란 찾아볼 수 없고, 은혜의 도가니탕은 두 녀석이 국물째로 마셔 버린 거니까.

설교를 끄고 이어폰을 빼고 체념하듯 고개를 돌려 강의 먼 곳을 바라본다. 어느새 해는 지고 날이 어스름해졌다. 그새 불을 밝힌 가로등이며 멀리 성산대교의 불빛이 눈길을 사로잡는다. 그리고 문득 올려다본 하늘엔 달과 인공위성 하나가 반짝인다. 오, 하늘은 온통 신비로운 파랑이다. 태초에 하나님이 '빛이 있으라' 하시고 작은 광명체로 밤을 주관케 하신 그때로부터 여전한 저 달. 또 그 하나님이 자신의 형상을 따라 만드신 사람들이 만든 높고 낮은 건물들과 거기서 새어 나오는 빛. 하늘에서 땅에서 발하는 빛이 이렇게나 조화로울 수가! 이렇게나 아름다운 풍광일 수가!

하늘의 삶을 살고 싶지만 내가 서 있는 곳은 언제나 일상이다. 정말 내가 진실로 신앙하고 있다면 그 신앙은 하늘이 아니라 일상에서 빛을 발할 것이다. 영성 깊은 가르침과 설교로 안내 받아 사도행전 속 바울을 만나는 그 거룩한 시간 안에 오롯이 머물러 있을 때가 아니라 늘 예상 밖의 일들이 벌어지는 일상의 한가운데 말이다. (밥하고) 일하러 나가는 날인데 밥 차려 놓고 깨워도 깨워도 안 일어나는 식구들을 깨우고, (원고를 쓰고) 원고 쓰다 말고 아이들 준비물을 사러 늦은 밤 문을 연 문방구를 수색하러 정신없이 다니고, (설거지하고) 설거지를 하다 걸려 온 시어머니 전화에 마음을 긁혀 그릇을 깰 뻔하고, (페이스북을 하고) 페이스북을 하다 공공연하게 나를 비방하는 친구의 친구 담벼락을 훔쳐보고, (사춘기가 된 딸 아이 옷을 사고) 큰맘 먹고 사 온 옷을 맘에 안 든다며 결코 입지 않고 장롱 속에 처박아 둔 걸 발견하고, (운전을 하고) 운전하다 잠시 주춤거렸단 이유로 생전 들어 보지 못한 육두문자를 듣고…….

'매일 반복되는 보통의 일.' 그, 일상(日常)의 만남과 사소한 행위가 천상의 빛을 받아 나만의 빛을 발해야 하는 곳일 터다. 내가 살아 숨 쉬고 웃고 우는 지금 여기를 영원에 잇대어 사는 것이 신앙의 여정이 아니겠나. 저 천상의 빛과 지상의 빛이 오묘한 조화를 이루는 것처럼 내 일상의 빛이 천상을 담아낼 수 있다면…….

집으로 돌아오는 길, 집을 나서던 발걸음처럼 마냥 가볍고 살랑거리진 않지만 마음의 중심이 꽉 채워진 듯 포만감으로 한결 평화롭다. 현관을 열고 들어서면 식탁 위에 버섯과 양파가 뒹구는 접시가 너저분할 것이고, 말라 버린 반찬 그릇이 아이들보다 먼저 나를 반길 테지만 그 자리가 일상 속 천국의 식탁이려니. 두 녀석이 잠들기 전까지 여러 번 내 인내심의 끝을 시험하겠지만 바로 그 순간 자발적으로 엄마의 통제 본능을 내려놓을 수 있다면 자기 포기로 주위 사람들과 교회를 견고케 한 사도 바울의 행보를 따름이려니. 아이들이 잠든 늦은 밤 피곤한 몸으로 들어온 남편을 향한 야속함과 연민이 교차하는 미묘한 감정이 하늘의 사랑을 일깨우는 신호가 되려니. 이 부족한 일상을 사랑함이 하늘에 가 닿음이 되려니.

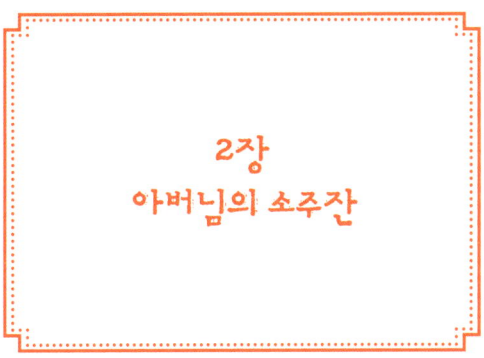

2장
아버님의 소주잔

　설거지를 하려고 보니 그릇 사이로 소주잔 하나가 뒹굴고 있다. 배시시 웃음이 샌다. 큰 녀석이 그릇장 안쪽에 있던 걸 꺼내서 물컵으로 사용하고 휙 던져 놓은 것일 터다. 보수 기독교 골수분자의 집에 웬 소주잔? 이것은 정통 보수 기독교 골수분자인 며느리가 단 한 분, 시아버님을 위해서 마련한 아버님 전용 소주잔이다.

　나는 목사의 딸로 태어났다. 대학(그것도 걸걸한 여대)도 다니고 사회생활도 했기 때문에 술자리, 술 문화가 전혀 낯설지 않지만 결혼하기 전까지 집안에서의 음주 행위는 상상도 못하고 자랐다. 신혼 초에 시댁에서 잔치가 있어서 처음으로 설거지하던 날을 잊을 수 없다. 설거지 그릇 중에 소주잔이 여러 개 있었는데 살짝 손이 떨리는 거였다. '아, 내가 술잔 설거지를 하다니. 우리 엄마가 알면 뭐라 하실까?' 이것은 전혀 예상치 못한 문화 충격이었다.

겉으로는 "술도 같이 한잔 안 마셔 주는 아들 소용없다"며 호기로우셨지만 아버님도 늘 아들 며느리 눈치를 보셨다. 착하고 소심하신 아버님은 같이 식사를 하러 나가서 한잔 생각이 나셔도 냉큼 주문을 하지 못하셨다. 어느 날부턴가 식당에 가면 쭈뼛거리시는 아버님에 앞서 먼저 소주 한 병 주문을 했다. 착하고 소심하신 아버님의 약주 사랑이 참 곱게 느껴졌기 때문이고, 무엇보다 평소 말이 없으신 분이 약주 한 잔 하시면 유쾌해지시기 때문이었다.

식당에서뿐 아니라 아버님 생신을 우리 집에서 차려야 하는 날에 장을 보면서 과감하게 소주 몇 병을 카트에 담았다. 상을 받으시고 뭔가 허전하다 싶으셨던 그 순간에 냉장고에서 나온 초록색 병에 "아니, 이걸 샀어?" 하면서 좋아하시던 아버님 표정이 눈에 선하다. 집에 소주잔이 없어서 머그컵에 소주를 따라 드셨고, 그 이후 언젠가 아버님만을 위한 소주잔을 갖춰 놓게 되었다.

그 힘들다는 '워킹 맘으로 두 아이 양육하기'가 아버님의 도움으로 참 수월했다. 아이를 좋아하실 뿐 아니라 여성보다 더 섬세하고 살뜰하게 보살피시는 아버님으로 인해서 참 팔자 좋게 일하고 양육했던 것 같다. 아이들이 자라서 어느 정도 독립 생활이 가능했을 때도 전화만 하면 언제든지 집으로 오셔서 유치원 마친 아이를 맞아 주시고 간식을 챙겨 주셨다.

일주일에 한 번씩 집에 오셔서 방과 후의 아이들을 돌봐 주시던 기간이 있었다. 막내아들이 늦깎이 목회자가 된 지 얼마 안 된 시점이기도 했다. 일을 하고 밤에 집에 와서 냉장고를 열어 보면 검정 비닐봉지로 꽁꽁 싸인 병이 하나 들어 있었다. 낮 시간에 아이들과 떡볶이 간식 사다 드시며 한잔 걸치시고 남은 막걸리였다. 행여 목회자 아들 집에 흔적을 남겨 놓았다가 누가 될까 봐 어찌나 꽁꽁 싸매 두셨는지…….

무엇을 드셔도 척척 소화시키신다고 자랑이시던 아버님이 위암 말기 판정을 받으시고 50여 일 투병 끝에 하늘나라로 가신 지 1년이다. 아버님께서 당신의 죽음을 받아들이시기에는, 남은 우리들이 아버님을 떠나보내 드릴 준비를 하기에는 짧은 시간이었다. 당황해하며 혼란스러워하면서 대부분의 시간을 보냈다. 수십 년 교회를 다니셨지만 예수님을 향해서 살가운 표현 한번 입 밖으로 내지 않으셨다. 믿음 좋은 아내와 자녀들 때문에 어쩔 수 없이 나가신다는 식으로 주일마다 꼬박꼬박 예배는 빠지지 않으셨다. 교회 일에 열심인 어머님을 향해 "내가 수염 영감탱이 예수한테 마누라를 뺏겼어. 아니 영감탱이가 아니지"라고 하셨다. 늦게 신학교에 가서 열정을 다해 공부하는 아들이 좋은 성적에 장학금을 받아 오자 못내 아쉽다는 듯 "이제라도 그 머리로 공무원 시험 봐라" 하시며 먹고살 걱정을 하기도 하셨다.

그런 아버님을 바라보며 아버님과 함께한 마지막 50일 동안 내가 한 짓이 무엇이었던가. 믿음 없으신 아버님이 입술로 고백하시도록 해야 한다며 속으로 얼마나 안달복달했던지. 맘먹고 사영리를 들고 아버님과 독대해야 하는 것은 아닐까. 주변에서는 그런 얘기 할 수 있는 건 그래도 막내며느리가 제격이니 기도하며 서두르라는 사랑 어린 재촉도 있었다. 새벽 기도에 가면 내 불안에 겨워 '이 땅을 떠나시는 아버님이 당신의 품에 눈뜨게 해 달라'며 빗물 같은 눈물을 쏟아 내곤 했다.

설상가상 아버님께서는 심방 오신 분들과 예배드리는 걸 거부하셨다. 마지막 호스피스 입원 중에 간호를 하고 있는데 교회에서 병문안을 오셨다. 간단히 예배드리려 하는데 고개를 돌리신다. 싫어하시는 것이 역력한데 그 자리에 계시도록 하고 싶지가 않았다. "아버님, 한 바퀴 돌까요?" 하고는 밖으로 나왔다. 기도하시는 분들을 뒤로하고 나오는 마음이 얼마나 아프고 한편으론 불안의 방망이질이던지. 믿음, 구원, 믿음, 입으로 시인, 구원……, 아, 혼란스럽다.

남은 시간이 얼마큼인지도 모르고 그렇게 시간을 보냈다. 아버님이 하늘나라로 가시던 날 우연인지 (그분이 계획하신 필연인지) 연거푸 세 번씩이나 예배를 드리게 되었다. 이미 의식을 많이 잃으신 아버님께서는 그저 모든 것을 보호자의 판단에 내어 맡기고 누워 계실 뿐이었다. 마지막 예배는 막내아들이 함께한 자리였고 예배를 마치고 찬양 한 번 더 부르자는 목사님의 제안이 있었다. "죄인들을 위하여 주님 찾아오셨네"를 부르는 중 '예수 안에 생명 있네' 후렴을 부르는 순간 우리 착한 아버님, 이 세상을 붙들었던 손을 가만히 내려놓고 하늘 아버지의 손을 잡으셨다. 평생을 그렇게 살아오신 것처럼 이 땅에서의 마지막

50일 동안 누구에게도 폐 끼치지 않고, 큰 육체적 고통도 없이 그렇게 지내시다 하늘 그곳으로 돌아가셨다.

돌이켜 보면 아버님의 마지막 50일은 한없이 고요했는데, 내 마음은 양철 지붕에 소나기 떨어지듯 요란했다. 그 요란한 양철 지붕 아래에는 '나는 믿음이 있고, 아버님은 믿음이 없다'라는 일말의 의문도 없는 전제가 숨어 있다. 도대체 그 근거 없는 판단은 어디서부터 나온 것이란 말인가?

아버님이 하늘나라로 가신 지 딱 1년이 되는 날, '일하는 엄마'였던 내게 든든히 기댈 언덕이셨던 아버님께서 떠나신 자리는 생각보다 크지 않았다. 아버님께서 돌봐 주시던 아이들이 스스로 자신을 돌볼 만큼 자랐기 때문일 것이다. 아니면, 아버님께서 내게 무엇보다 큰 숙제와 더불어 엄청난 선물을 남기고 가신 탓이다. '너의 믿음이 어디 있느냐?' 하는 한마디를 마음 깊은 곳에 넣어 주고 가신 탓이다. 마지막 50일 '아버님 믿음의 고백, 입술의 고백······' 이러면서 안달복달하던 내 마음의 깊은 동기가 진정 천국에 대한 소망이었는지, 믿음의 기도였는지를 처음부터 되짚어 보게 되었다. 그리고 아버님의 믿음이 아니라 '내 믿음은 도대체 어디에 있다는 것인가?' 하는 영원의 원점 같은 곳으로 돌아와 섰다.

아이를 낳고 산후 조리하던 기간과 신종 플루 걸렸던 주간 외에는 주일에 빠져 본 적이 없다?(이걸 가지고 주일 성수했다며······), 청년 때부터 손에 꼽을 수도 없을 만큼 다양하고 많은 교회 봉사를 했다? 미운 사람이 생겨도 "하나님, 원수를 사랑하게 해 주세요"라면서 예수님 코스프레를 좀 하고 산다? 그런 것들에 근거한 '나는 믿음 있는 사람'이라는 확신에 겨워 살아온 날들에 씌운 거품을 비로소 확인한다.

 소주잔을 보면 한잔하신 아버님께서 흥에 겨워 부르시던 뽕짝 멜로디가 생각난다. 또 제일 좋아하는 찬송가라 하시며 "나 같은 죄인 살리신"을 소심하게 흥얼거리시던 허밍 같은 소리가 들리는 듯하다. '마지막 50일을 걱정 대신 사랑으로 더 잘 떠나보내 드릴 걸' 하는 후회 같은 건 넣어 두려 한다. 터무니없는 '자기 의(義)'의 발로로 발을 동동 구르며 보냈을지언정 아버님과 하늘 아버지 사이에는 내가 알지 못하는 비밀 같은 사랑의 교제가 있었을 터이니. 또한 다른 사람들의 믿음 없음에 관한 걱정일랑 집어치우고, 과대 포장된 내 믿음의 자가 평가서나 돌아볼 일이다. 다만, '거기서 해처럼 밝게 빛나실' 아버님이 오늘 더욱 그립다. 소주잔을 닦다 그 투명한 유리에 어른거리는 아버님의 모습이, 생색내지 않으셔서 더 따스했던 그 사랑이 사무치게 그리운 것이다.

 입으로는 "하늘 소망"을 그럴듯하게 노래하면서도 마음으론 멀게만 느껴졌던 곳이 천국이다. 이 땅에서 당신이 그렇게도 사랑하시던 손주의 작은 손을 놓자마자, 바로 그 순간 영원한 하늘 아버지의 손을 잡으셨다 생각하니 천국은 얼마나 가까운 곳인지. 우리네 삶과 얼마나 가깝게 붙어 있는 곳인지. 아버님과 함께한 13년 동안 내가 필요한 것을 그렇게 주기만 하시더니 떠나시면서 가장 귀한 선물을 남겨 두고 가셨다. 깨끗하게 닦아 놓은 소주잔에 남겨 두신 사랑과 선물이 어른거린다.

3장
이야기 정거장 1

　수박 한 통을 들고 걷다 보면 가게에서 나올 때 무게와 몇 걸음쯤 걸었을 때의 무게가 다르다. 짐의 무게는 들고 걷는 거리와 비례하여 무거워진다. 처음엔 들고 걸을 만했는데 팔이 떨어져 나가는 것처럼 아프고 힘이 빠질 때는 잠시 멈추고 쉬어 가야 한다. 벤치나 계단, 아니면 나무 둥치에서라도. 결국 혼자 집까지 들고 가야 한다면 시간이 더 걸리더라도 중간중간 무게감의 가중치를 덜어 내며 가야 할 일이다.

　기나긴 인생길, 가족이라는 이름으로 묶여서 크고 작은 짐들을 지고 간다. 엄마의 이름으로, 아빠의 이름으로, 자녀의 이름으로……. 뚜벅뚜벅 마땅히 걸어야 할 길을 걷다 보면 딱히 짐을 더 얹은 것도 아닌데 삶은 조금씩 더 무거워진다. 이럴 때, 잠시 앉아 쉬어 가는 벤치처럼 우리 가족에게는 '이야기 정거장'이 있다. 두 아이 중 하나로부터 시작하여 네 식구를 모두 쉼의 벤치에 앉히고 마는 우리 가족의 이야기 정거장. 잠시 이야기 정거장에 멈췄다 일어나면 어느덧 삶의 무게감은 덜어지고, 일상의 발걸음은 가벼워진다.

이번 정거장은 '숨겨진 두려움 직면하기' 정거장입니다

눈물 어린 사랑과 몸을 불사르는 열정으로 목회하던 청년들을 뒤로하고 새로운 길을 떠나고자 결정한 목회자 아빠. 그래도 오랜만에 푹 쉬고 놀아 보자며 부푼 맘으로 맞은 사임 후 첫날, 간질간질한 목감기가 시작되었다. 목에서 시작한 감기가 기침감기로 진화하더니 뜬금없이 장염으로 변신하여 고열에 잦은 화장실 출입으로 탈진 상태에 이른다. 여기서 끝이 아니다. "눈이 왜 이리 간지럽지?" 하더니 다래끼가 나기 시작. "왜 이리 간지럽지?" 하더니 온몸에 두드러기가 나서 응급실행. 몸의 환란이 끝이 없으신 중이었다.

인생에서 꽤 중대한 결정을 하고 난 끝에 오는 몸의 환란에 꽤 불안해진 아빠가 "몸이 이게 어떻게 된 거지? 하나님께서 내게 뭔가 말씀을 하시나 봐"라고 중얼거린다. 옆에서 레고에 빠져 있던 하나밖에 없는 아들이 하는 말.
"열 재앙이야. 아빠, 열 가지 재앙 받는 거야."
이래저래 심란한 마음을 애써 추스르고 있는 아빠에게 이게 무슨 소리? 아빠는 못 들은 척 무시한다. 슬며시 자리를 뜨는 아빠에게 모세가 된 아들이 다시 선포한다.

"아빠 그거 열 재앙이라니까. 점점 더 아프잖아."
"조용히 해. 아빠 힘들어."
다시 한 번 회피하는 아빠를 굳이 졸졸 따라가며 "열 재앙~ 열 재앙"을 외쳐 대니……. 참고 참던 아빠 한마디.
"아~나, 이 자식 진짜. 얌마! 열 가지 재앙의 마지막 재앙이 뭔 줄 알어? 짜식아!"

이번 정거장은 '양육의 무게감 털어 내기' 정거장입니다

남매 사이의 다툼은 시도 때도 없이, 하루에도 몇 번씩 일어난다. 그때마다 두 녀석 앞다투어 엄마 재판관에게 조르르 달려오는데. 엄마는 책임 전가와 비난이 난무하는 쌍방 고자질을 듣는 것만으로도 버겁다. 공정한 사람도 못 되면서 단지 엄마이고 어른이라는 이유로 공정한 척 판단을 내려 줘야 하는 것이 불편하다. 시시콜콜 들어주고 마음을 읽어 주는 것도 한두 번이지 결국엔 밑도 끝도 없는 분노 폭발로 제압해 버리기가 일쑤다. 아이를 키우는 데 쉬운 일이 하나도 없다. 자책감과 좌절이 어깨를 짓누르지만, 오늘도 어김없이 아침부터 남매 전쟁 발발이다.

사건 장소 : 욕실 세면대와 욕실 문 바깥쪽 앞
사건 시간 : 2012년 6월 OO일 등교 10분 전

사건 내용 : 욕실 안에서 두 옥타브 위의 찢어지는 듯한 비명 소리가 울림

위 사건의 경위를 조사하기 위해 욕실 안에 있던 남동생과 욕실 밖에서 치카 중이던 누나를 긴급히 식탁으로 소환함(식탁에선 부부가 로맨틱하게 모닝커피 일잔 중이었다).

왜 그랬어? 왜 소리 질러?
누나가 문을 닫고 불을 껐……,
아이, 김현승이 먼저 나한테 물을 뿌렸……,
아니야. 누나가 먼저 나를 놀렸……,
(아빠 경감께서 등장)
흠, 누나가 맨 처음 놀렸구만.
아니~이. 저번에 현승이가 나를 놀렸……,
킥킥킥킥. 저저번에 누나가 먼저 놀렸……,
(네 식구 다 함께) 저저저……번에 누가 먼저 놀렸……, 와하하하하…….

이번 정거장은 '엄마, 영어 따위에 쫄지 마!' 정거장입니다

두 아이 모두 영어 학원을 비롯한 어떤 학원도 보내지 않고 있다. 나름대로 소신을 갖고 한 선택이지만 대한민국에 사는 엄마로서 한결같이 당당하기란 쉬운 일이 아니다. 가끔은 '나중에 아이들이 커서 엄마를 원망하지는 않을까?'로 시작하여 '이 아이들이 결정적인 때에 영어 때문에 큰 좌절을 맛보게 되는 건 아닐까?' 하면서 온갖 망상으로 불안해질 때가 있다. 이 세속의 교육을 거슬러 키우기란 때로 얼마나 불안하고 쫄리는 일인지. 그 괜한 불안이 극에 달하여 일상을 걷는 발걸

음이 한없이 무거워진 어느 날.

딸 : 아빠, 아빠, 우리 피아노 선생님 스튜어디스 갖고 있대.
아빠 : 뭐?
딸 : 우리 피아노 선생님 말이야~, 스튜어디스 갖고 있대.
아빠 : 뭐래애?
딸 : 아, 진짜. 새로 바뀐 피아노 선생님 말야. 스.튜.어.디.스.를 갖고 있다고~오.
아빠 : (엄마한테) 뭐래는 거야?
엄마 : 나도 한참 헤맸어. 피아노 전공하신 선생님이 스튜어디스가 웬 말? 예전에 스튜어디스 하셨다고? 했더니 아니래. 예전이 아니고 지금이라는 거야. 얘가 뭐라는 거야? 지금 스튜어디스 자격증을 갖고 있다고? 했더니, 하튼 그건 잘 모르겠는데 올림픽공원 평화의 문 근처 빌딩에 있대. 거기서 레슨 하신대. 뭔 말인지 알겠지?
아빠 : 풉! 큭큭큭큭큭큭.
엄마 아빠 : (서로 복화술로) 스.튜.디.오.
엄마 아빠 : 큭큭큭큭큭큭 (수습 안 되고 계속) ㅋㅋㅋㅋㅋㅋㅋㅋㅋㅋㅋ.
딸 : 왜 웃어. 둘이, 그만 웃어.
딸의 남동생 : 어? 그게 무슨 말인데~, 나도 가르쳐 줘. 스튜어디스?
엄마 아빠 : (진정 안 되고 있음) ㅋㅋㅋㅋㅋㅋㅋㅋㅋㅋㅋ.
남동생 : 누나, 무슨 말이야. 스튜어디스가 뭐야?
(배경음으로 엄마 아빠의 ㅋㅋㅋㅋㅋㅋㅋㅋㅋㅋㅋㅋㅋ)

딸 : (동생의 무식에 완전 짜증난다는 듯) 승. 무. 원.

엄마 아빠 : (수습되던 시점에서 다시 BBang!) ㅋㅋㅋㅋㅋㅋㅋㅋㅋㅋㅋ.

남동생 : 그런데 피아노 선생님이 승무원을 왜 갖고 있어? 누나.

(엄마 아빠의 배경음 계속 ㅋㅋㅋㅋㅋㅋㅋㅋㅋㅋㅋㅋㅋㅋㅋ)

딸 : 아, 나도 몰라. 선생님이 그렇게 말했어. 왜 나한테 그래~애!

엄마 아빠 : (이제 완전히 언어를 잃고) ㅋㅋㅋㅋㅋㅋㅋㅋㅋㅋㅋ.

일상은 늘 일정 정도의 무게를 내 어깨에 얹는다. 그 무게는 역할의 책임감이기도 하지만 존재 자체의 무게감일지도 모른다. 유난히 그 무게감에 어깨가 뻐근할 때 예고 없이 멈춰 선 '이야기 정거장'에서 한바탕 웃는다. 두려움이든 자책감이든 책임감은 그대로인데 불쑥 시작된 이야기에 빵하고 웃음이 터지며 새로운 호흡을 가다듬는다. 들고 갈 짐은 그대로이지만 다시 집어 들기가 한결 수월해진다. 가벼워진다. 계단에 걸터앉아 잠시 수박 덩이를 내려놓고 쉬는 것처럼, 다시 일어나 들어 올릴 때 '그래도 들고 집까지 갈 만하다'고 느껴지는 것처럼 말이다. 일상 속 예기치 않은 선물, 우리들의 이야기 정거장.

4장
사모이기 전, 인간

    평일 오전에 있는 주부 수영반은 '올 카인즈 오브 대한민국'(All kinds of Korea)의 아주머니들을 만날 수 있는 곳이다. 연령, 성격, 종교, 출신지, 경제 수준 등도 다양한 언니(사실 그 동네에서 '아주머니'는 금기어다. '형님'까지는 가능하다)들이 수영하고 나와서 머리 말리고 화장하면서 나누는 대화는 나 같은 교회 언니에겐 흥미로운 세계다.

    어느 날 그중 목소리 크신 대장 격 언니가 내 귀에 대고 속삭여 주셨다. 나를 믿을 만하다 여겨 대단한 비밀 정보를 나눠 주시는 듯, 저쪽에서 화장을 마무리하고 나갈 차비를 하는 언니를 슬쩍 눈으로 가리키면서 "저 여자 있지? 평영 잘하는 여자 말야. 저 여자가 목사 부인이래." "예? 아……, 네에" 하고 말았지만 순간 심장이 쿵했다. '나도 빨리 고백해야 하나? 목사 부인인 주제에 불고지죄에 괘씸죄까지 추가

돼 왕따 되는 거 아닐까? 시, 실은 제 남편도……, 저……저도예요.'

그 순간을 돌이켜 생각하면 한편으로 욱하고 올라오는 마음이 없지 않았다. '목사 부인이 왜요? 뭐요?' 교회 안에서나 밖에서나 '사모'(사모님 아니고)는 딱히 실체는 없는 엄청난 존재감의 호칭인 것 같다. 어떤 처녀는 사모 되기로 서원 기도를 했다 하고, 또 다른 아가씨는 "절대 목회자 사모만큼은 싫다"며 펄쩍 뛴다. 평신도들은 "사모님들 너무 안 됐다" 하기도 하고, "사모님들 훌륭하다" 하기도 한다. "사모가 옷을 왜 저렇게 촌스럽게 하고 다녀?" 하기도, "사모가 사치스럽게 저게 뭐?" 또는 "사모가 왜 이리 말이 없고 무뚝뚝해?" 하거나 "사모가 말이 많아 틀렸어" 하기도 한다. 사모는 "반주 정도는 할 피아노 실력이 있어야 한다"고도 하고 "괜히 봉사한다고 나대지 말고 있는 듯 없는 듯해야 한다"고도 한다. 서로 상충하는 다양한 기대 속에서 사모는 도대체 어떠해야 한다는 걸까?

결혼 후 남편이 늦게 신학대학원 진학을 결정했을 때 혼자 뱉은 한 마디는 "아, 이제 성가대 지휘는 다했구나"였다. 누가 뭐라 한 것도 아닌데 그렇게 생각했다. 그러고는 떠오르는 '목회자 사모는 어떠해야 한다'라는 일관성 없는 이미지들에 지레 압도되는 것 같았다. 허나, 정작 뚜껑을 열었을 때의 문제는 달랐다. 달란트에 맞는 교회 봉사를 하지 못하는 것, 타고난 대로 말하고 행동할 수 없는 것 등이 아니었다. 교인들이 '사모'에게 거는 제각각의 기대 자체는 오히려 너무 다양해서 무시할 수 있는 것 같았다. 그렇게 좋아하던 성가대 지휘를 자의 반타의 반으로 그만두는 것도 그리 어려운 건 아니었다. "나의 빚 오직 그가 아시나니"를 노래하면서 생활비 1순위를 청년들 접대에 두고 살림해야 하는 고단함, 그것도 쉬운 일은 아니었지만 마음의 중심이 기우뚱하지만 않으면 기쁘게 감당할 수 있는 짐이었다.

사모가 되자마자 깨달았다. 전에 뽑아 뒀던 '사모론' 예상 문제는 다 빗나갔구나. 오히려 더 쉬워질 수도 있을 거라고 기대했던 예배, 기도 같은 것들이 '사모'인 내게 가장 어려운 문제로 다가왔다. 예를 들면 이런 것이다. 일을 하고 돌아와 피곤한 수요일에 사모가 아니라면 집에서 쉬어야겠지만 사모이기에 수요 예배에 억지로 가 앉아 있다. 때로는 연약한 내 의지를 의무에 기대 일으켜 세우는 것이 유익이 되겠지만 '때로는'이 아니라 점점 '늘'이 된다는 것이 정말 문제다. 이렇게 되어 가는 것은 (목회자의 딸로 자라면서 가지게 된) 내 안의 목소리를 따름이기도 하고 목회자 그룹에 들어갔을 때 당연하게 요구되는 불문율이기도 하다. 전임 사역자인 남편과 어정쩡하게 하나로 묶여서 '정말 원해서'가 아니라 '보여 주기 위해서' 하는 교회 일(그야말로 일, 종교적인 일이다)에 점점 압도되어 가는 나였다. 이러다가 정말 '내'가 아니라 '오로지 사모'로만 예배하게 될 것 같았다.

새벽에 깨어 엄마가 없는 걸 보고 놀랐던 아이가 "엄마 새벽 기도 갈 거야?"를 재차 확인하며 불안해하다 잠이 든다. 새벽 기도 갈 시간에 맞춰 눈을 떴을 때 깊이 잠든 아이의 숨결을 확인하고 두근거리는 가슴으로 조용히 현관문을 닫고 남편을 따라 나선다. 그런 얘기를 선배 사모님 앞에서 꺼내 봐야 "나는 기어 다니는 애를 재우고 새벽 기도 다녔다. 어떤 날은 새벽 기도 마치고 집에 가 보니 그 애가 기어 나와 계단 앞에 있더라. 아찔했지만 결국 하나님이 다 지켜 주신다"는 식의 더 강력한 무용담이 돌아올 뿐이다.

"어느 교회는 사모님들까지 전자 카드로 새벽 기도 '출첵'(출석 체크)을 하는데 어느 사모님이 애 낳고 한 달 이후에 몇 번 연이어 결석해서 결국 그 남편이 교회에서 잘렸다더라. 우리 교회는 그래도 이 정도면 괜찮은 거다." 선수끼리는 이런 대화를 한다. 아이러니하지만 당연하게도 이런 선수들도 예배든 새벽 기도든 빠질 기회만 되면 당연히 빠진다. 빠질 수 있는데 나가는 건 그야말로 바보.

새벽 기도 얘기가 나왔으니 말이다. 목회자들끼리 말하는 '제일 힘든 교인 1위'는 '새벽 기도는 절대 빠지지 않으면서, 절대 변하지도 않는 장로님'이라 한다. 자기 몸이 부서져도 결코 새벽 기도에 빠지지 않는, 그러나 결코 기도는 하지 않는 사모님은 어떨까? 게다가 개근 장로님이 교인을 의식하는 것보다 훨씬 더 높은 수준으로 '남의 눈에 비친 나'를 의식하는 사모인 나는 기도하는 '척'하는 데도 능숙해진다. 온통 언제쯤 일어나서 빠져나갈까에 신경을 집중하면서도 가끔씩 슬슬 몸을 앞뒤로 흔들어 주기도, "주니~임" 하는 신음 같은 소리도 낼 줄 아니 말이다.

참된 그리스도인이 되는 것보다 그렇게 보이는 것에 훨씬 더 관심이 많은 시대에 선두 주자는 과연 누구인가? "그리스도인이 되기보다 먼저 사모가 되라"는 보이지 않는 강요는 어디서부터 흘러온 것인가? 사모들의 남편, 강단에서 말씀을 전하는 이 시대의 목회자들이 아닌가? 남편을 부르는 호칭으로 쓰는 '우리 목사님', 아내를 가리키는 '우리 사모'가 말해 준다. 마치 부부이기 이전에 목사이고 사모였던 것처럼. 그리고 당연하게 교회 안에는 '나는 누구인가?'라는 질문 없이 태초부터 '목사', 태초부터 '사모'가 있는 것처럼, '인간이 되기 전에 먼저 교인 된 사람들'이 있는 것이다.

아주 짧은 시간에 '인간'이기보다 '사모'로 살아가는 걸 습득해 가면서 괴로웠다. 사모 된 내 처지를 원망하기도 하고 종교로 전락한 기독교라며 불특정 지점을 향한 불평을 퍼붓기도 했다. '내 마음이 움직이지 않는데 단지 목사님과 교인들에게 눈도장 찍기 위해' 새벽 기도를 나가지는 않겠다고 결심하고 일부러 나가지 않기도 했다. 헌데 문제는 이런 내 태도에 일어난 남편을 향한 미안함과 죄책감이다. 자아가 강한 아내를 둔 덕에 내 대신 눈총과 압력을 받아야 할 남편을 생각하며 또다시 마음에 없는 발걸음을 하기도 한다. 갈팡질팡, 좌충우돌하며 방황하는 나날이었다.

어느 날 새벽, 눈을 뜨자마자 어제와 다르지 않은 갈등 속에 멍하니 앉아 있는 내게 남편이 말했다. "여보, 정말 당신이 기도하고 싶으면 가." 그 순간, 그 말이 내 안에 충만한 '사모'의 영을 거둬 내고 '나 자신'이 되게 했다. 그 한마디에는 나를 '사모'가 아니라 '나 자신'으로 예배하고 기도할 수 있게 해 주기 위해 많은 것을 감수하겠다는 남편의 의지가 담겨 있는 것 아닌가. 사모로 살지 않고 사람으로 살도록 나를 지켜 주겠다는 것이다. '우리 목사님'이 아니라 '내 남편'이 말이다.

수영장 언니들의 "저 여자가 목사 부인이래"라는 소곤거림에 담긴 기대는 뭘까? 나는 차라리 그 기대에 부응하고 싶다. 적어도 새벽 기도에 빠지지 않고, 교인들을 향해서 근육에 경련이 오도록 미소 짓는 종교인은 아닐 것이다. 아이들을 좋은 대학에 보내는 것을 제일 목표로 살면서 학원비 충당을 위해 마트 계산원 알바를 하는 '1번 언니', 수영에다 헬스를 하나 더 끊어서 살을 좀 더 빼야지 하면서 새로운 애인을 찾는다는 '롯데 캐슬 언니', 살림하는 것도 귀찮고 세상 사는 게 다 허무하다는 '삼익 언니', 몸에는 이게 좋고 저게 나쁘며, 물 대신 무슨 차를 끓여 먹어야 한다며 부황 자국으로 얼룩진 등을 훈장처럼 보이는 '영숙 언니'. 그 언니들이 말하는 '목사 부인'은 그렇게 사는 자신들과는 뭔가 다른 존재일지도 모른다는 일말의 희망 같은 것이라 믿고 싶다.

사모가 되기 전에 인간이 되고 싶다. 사모가 되기 전에 매주 예배에 거룩한 떨림으로 나가서 어떻게든 자아를 복종시켜 드림으로 일주일을 참된 사람으로 사는 예수님의 제자가 될 테다. 사모가 되기 전에, 성적으로 줄 세우고 스펙으로 줄 세우는 시대에 그 사망의 줄에서 내 아이를 꺼내 원 안에 세우고 응원하며 키우는 엄마로 살 테다. 사모가 되기 전에 내 남편이 양복을 입고 타이를 매자마자 목사라는 가면을 쓰고 살도록 방치하지 않고 먼저 '사람이 된 목사'가 되도록 격려하고 감시하며 기도하는 아내로 살 테다. 사모가 되기 전에, 세속 엄마 노릇에 지친 친구들과 만나 질펀한 수다로 울고 웃는 사람 냄새 나는 아줌마가 될 테다. 사모가 되기 전에, 있는 그대로 나를 받아 주시는 '아바 아버지'의 부족함 없는 자녀로 두렴 없이 오늘을 살 테다.

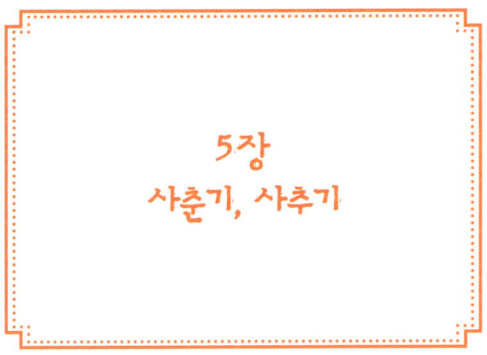

5장
사춘기, 사추기

결혼 후 둘만의 우아한 시간을 1년 정도 즐긴 후 첫애를 낳았고 그때로부터 육아의 험산 계곡은 시작되었다. 큰아이 기저귀 떼고 우유를 떼고 만세를 부를 무렵 둘째가 생겼다. 둘째를 낳은 후 다시 시작된 밤중 수유며 우유병 삶기 등의 신생아 돌보기를 하고 있을 때 남편이 말했다. "여보, 오랜만에 우유병 닦는데 어떤 느낌인 줄 알아? 다시 군대 들어간 느낌이야. 언제 키우지?" 언제쯤 우아하게 식당에서 밥을 먹을 수 있을까? 밤에 한 번도 안 깨고 아침까지 잘 수 있을까? 하던 시절이었다. 그때 인생의 선배들은 말했다. "힘들어도 좋은 때야. 품 안의 자식이라고……." 지금 알고 있는 것을 그때 알았더라면 좋았겠지만, 그때는 알아들을 귀가 없었다.

"난 집에 있으면 안 돼?" 드디어 그 말이 나왔다. 질풍노도가 우리 집 담을 넘어 밀려들고 있다는 신호다. 남동생을 살아 있는 장난감 취급하며 그렇게 신나게 놀이의 세상을 살던 아이, 눈에 보이는 모든 것을 놀이 재료로 만들어 내는 환상의 눈과 손을 가진 아이였다. 그 호기심 가득하고 생기 넘치던 모습은 어디 가고 세상 모든 것이 시덥지 않다는 표정이다. 그렇게 잘 다루며 데리고 놀던 살아 있는 커다란 장난감에는 눈길 한 번 주지 않는다. 책꽂이 구석구석엔 삐뚤빼뚤 글씨의 '식당 놀이' 메뉴판이며 말도 안 되는 '어린이집 놀이' 가정 통신문 등 주인 잃은 놀이의 흔적만 먼지를 뒤집어쓰고 있다. 키는 삐죽이 자라서 엄마보다 커진 아이가 "갔다 올게" 하며 생기 없는 목소리를 남기고 등교하고 나면 엄마 아빠는 마주 앉아 추억 더듬기로 허전함을 달랜다. "그때 복숭아 사건 기억나? 어머니한테 얘가 막 야단치고 그랬잖아……." 품 안의 자식이라더니, 이제 느껴지는 텅 비어 가는 느낌이 이 녀석이 빠져나간 내 품의 공간이구나. 이제야 알아들어지는 '품 안의 자식'이다.

 단지 품 안이 비어 버린 상실감이라면 그나마 견딜 만할 것 같다. 상실감이 아니라 치밀어 오르는 분노가 문제다. 어릴 적부터 웬만한 일은 말로 다 되는 아이였다. 눈을 맞추고 이유를 설명하면 잘 들었고, 논리에 수긍이 되면 오래 고집을 피우지 않았다. 자신이 잘못했다고 생각하면 빨리 사과하고 감정도 잘 털어 버리는 아이였다. 아이의 이런 점은 엄마인 내게 무한한 자긍심이었다. '역시, 나는 좋은 엄마야.' 그런데 아이의 눈빛이 다른 말을 하기 시작한다. 자칭 '좋은 엄마'인 나는 변한 것이 없는데 나를 바라보는 아이의 눈이 말한다. '저 여자

왜 저래? 완전 어이없어.' 아니, 어쩌면 '재수 없어'일지도 모른다. 들릴락말락 중얼거리는 "짜증 나" 소리에 분노의 오른손이 올라가려는 걸 겨우 참아야 한다. 사춘기에 관한 책을 미리 읽기도 했고 주변에서 본 아이들을 통해서 선행 학습을 하지 않은 것도 아니다. "사춘기에는 뇌가 뒤집어진다"는 말을 마음에 새긴 지 오래고 언젠가 우리 집에도 닥칠 것이란 각오를 단단히 하고 있었다. 헌데, 뒤집어지기 시작한 뇌를 일상으로 받아들이는 것은 머리로 하는 예습과는 다른 차원이다. 순간적으로 폭발하려는 분노의 뚜껑을 부여잡고 '휴우' 한숨으로 바꾸는 일은 내 가슴을 까맣게 태우고야 가능한 일이다.

분노든 상실감이든 무엇을 안기며 찾아오든지 아이의 사춘기는 나와 가족 전체를 새로운 국면으로 초대한다. 작은아이가 태어난 이후로 만 10년, 네 식구가 정말 껌딱지처럼 딱 붙어 다녔다. 안고 매달고 다니던 아이들이 스스로 걷게 되었고, 엄마 아빠의 무릎에 앉았던 아이들이 각자 한 자리씩 차지하고 앉는 등 모양새는 달라도 어쨌든 넷은 함께였다. '여자끼리 남자끼리, 각각 데이트하기' 이런 식으로 일부러 따로 시간을 가진 적도 있지만 넷은 패키지로 묶여 있는 한 덩어리였다. 여행 사진 폴더에는 장소는 다르지만 구도는 비슷한 네 식구의 셀카가 수두룩하고, 사진만큼이나 넷이서 공유하는 추억도 많다. 그런데 이제 때가 왔다. "나는 그냥 집에 있으면 안 돼?" 긴 성인식을 위한 자기만의 여행을 떠나려는 아이가 짐을 꾸리고 있다. 지금껏 호기심 가득한 눈으로 스펀지처럼 흡수하며 살아왔던 세상을 삐딱하게 바라보고, 의심하고, 괜한 트집을 잡으면서 가는 길이라 걸려 넘어지는 것이 많을 것이다. 못된 눈과 삐딱한 고개, 이기적인 말과 행동으로 우리를 떼어 놓으려 한다. 방문을 굳게 닫고는 혼자 떠나는 여행임을 재천명한다. 나머지 세 식구는 닫힌 방문 앞에 서서 당황한다.

끝도 없는 상상력으로 거실 가득 놀이의 세계를 열어 주던 누나를 바라보는 철없고 유치한 동생이 말했다. "엄마, 중학생이 되면 원래 재미가 없어져? 아니~이, 누나가 그래 보여서. 누나가 웃기는 웃는데 즐거워 보이지가 않아. 누나는 원래 진짜 즐거운 사람인데……, 즐거움이 없어졌어. 달라진 모습이 너무 안타까워. 사춘기라서 그래? 그러면 나중에 다시 즐거움이 돌아와?" 이 아이도 분명 몇 년 안에 행선지는 같지만 여정은 다른 또 다른 여행을 떠날 테다. 아직은 부모의 그늘 속에서 세상을 바라보는 이 아이로서는 누나를 떠나보내는 것이 그저 안타까움일 뿐이다. 안타까움으로 이렇게 이해할 수밖에 없다. '누나가 뭔가를 잃어버린 것이 틀림없어.' 왜 아니겠는가. 놀이의 세상은 건재하고 거기서 불태울 상상력과 즐거움은 여전히 꿈틀대는, 살아 있는 장난감의 입장인데 말이다. 유년의 것들을 잃어버려야 얻어지는 또 다른 세상은 도통 상상이 안 되는 곳일 것이다. 엄마도 아빠도 심지어 동생까지도 어른이 되기 위해 청소년기로 떠나는 큰아이를 그저 바라보고 받아들이는 것이 쉬운 일이 아니다.

월요일에만 쉬는 아빠로 인해서 종종 학교를 빼먹고 놀러 다니곤 했었다. 처음으로 큰아이를 빼놓고 셋이서만 동해로 하루 여행을 다녀왔다. 아침 일찍 넷이 집을 나서 큰아이 등굣길까지 함께했다. 바다도 좋아하고, 바닷가에서 먹는 회를 제일 좋아하는 녀석이 "잘 갔다 와" 한마디 하고 자동차 문을 쿵 닫고 내렸다. 일말의 아쉬움과 부러움도 내비치질 않는다. 빠른 걸음으로 걸어가는 아이의 뒷모습을 보면서 마음 한구석에 차가운 바람이 휙 불고 지나갔다. 사춘기를 지내고 그야말로 엄마의 친구가 되어 돌아와 줄 것을 믿는다. 도덕 선생 같은 말로, 교회 선생님 같은 말로 섣부르게 아이를 통제하지 않겠다. '네 가지' 없는 말과 행동에 순간순간 욱하고 올라오더라도 타는 가슴 부여안고 존중하며 대하도록 하겠다. 중년이 되도록 내 인생 여정을 인도하신 분께 아이의 사춘기 여정을 맡길 도리 외에는 없다. 부모의 중년이 아이의 사춘기와 맞물리는 것은 참으로 신비로운 인생의 시간표 같다. 성인이 되고부터 나의 노력으로 꿈을 이룰 수 있다고 믿으며 열심히 인생의 산등성이를 올라왔다. 열정을 다해 나와 세상을 통제하며 생의 전반기를 살아오다가 젊음의 정점에서 생명을 잉태하고 낳아 키우는 엄마가 되었다. 돌이켜 보면 내 인생에서 그 시기만큼 생명의 기운으로 충만했던 적이 있던가. 이제는 생명력 충만한 정상을 찍고 하산의 여정이 시작된 중년이다. 생의 빛보다는 그림자를 끌어안으며 더 깊은 내면의 삶을 살아야 하는 때가 왔다. 사춘기 아이는 그런 엄마 아빠를 일깨운다. 생명은 통제되지 않으며 내가 낳은 아이일지라도 내 통제권 안에 있지 않음을, 아이의 존재가 통제의 대상 너머에 있듯 부모인 우리 역시 나름의 선하고 아름다운 피조물임을 동시에 깨닫게 한다. 부와 권력과 성공이나 사람들의 인정, 심지어 아이를 번듯하게 잘 키워 내는 것과 상관없이 가치 있는 존재임을 배워 가야 한다. 아이 출생이 말로 다할 수 없었던 선물이었으나 인간답게 밥 먹고 잠자는 것을 포기해야 하는 수고로움을 감내해야 했던 것처럼, 제2의 출생이라는 아이의 사춘기는 당혹스러운 선물이 될 것이다.

첫째를 빼놓고 간 하루 여행은 나름 좋은 시간이었다. 허전한 듯 충만하고 평온한 여행이었다. 옛 추억을 더듬어 일부러 선택한 미시령 옛길은 한적했다. 미시령 꼭대기의 휴게소를 한껏 기대하며 올랐다. 거기서 커피 한잔 들고 꼬불꼬불 올라왔던 길, 내려갈 길을 바라보며 여유를 부려 보자 싶었는데, 아뿔싸! 휴게소는 폐쇄되고 텅 빈 건물만 을씨년스러웠다. 아쉬워라. 발걸음을 재촉해 도착한 속초 해수욕장은 춥지도 덥지도 않은 날씨에 고즈넉하여 해변에 앉아 책을 읽고 쉬기에 딱 좋았다. 일부러 챙겨 간 유진 피터슨의 《거북한 십 대, 거룩한 십 대》를 다시 읽으며 속으로 말했다. '오늘은 이별 여행이야. 긴 성인식을 위해 채윤이를 떠나보내는 이별 여행이다. 내 인생의 여정에 늘 함께하셨던 그분이 아이의 곁에 딱 붙어 보호자 노릇 하실 거야. 딸아, 너의 말과 노래와 재롱으로 나의 세상이 가장 밝고 찬란했었어. 거북하고 거룩한 십 대를 통과하며 넌 멋있는 어른이 될 거야.'

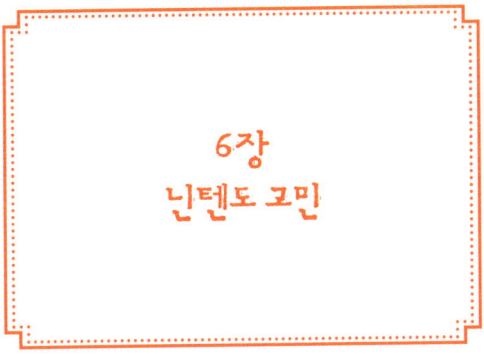

6장
닌텐도 고민

우리 집에는 텔레비전은 물론 흔한 게임기 하나 없다. 컴퓨터는 철저하게 엄마 아빠가 일을 하거나 글을 쓰는 용도로 정착돼 있다. 소신의 선택이지만 마음 한구석 늘 불편함은 있다. 아무리 좋은 선택이라도 '선택'이라는 말엔 이미 '포기'의 의미가 숨겨져 있지 않은가. 감수해야 할 것들이 있다. 가치 있는 선택일수록 '더 많은 것을 감내하라'고 요구하는지도 모르겠다. 아이들 양육에 있어서도 예외는 없다. 닌텐도 하나 눈 질끈 감고 사 주면 될 것을 거의 매일 "엄마 아빠는 왜 닌텐도를 사 주지 않는지'에 대해서 반복하여 설명하기를 강요받는다. 누구에게? 열 살 된 아들에게. 닌텐도를 사 주는 것보다 안 사 주는 일이 훨씬 더 많은 에너지를 필요로 한다. 학원을 보내는 것보다 안 보내는 일이 훨씬 더 강인한 마음의 힘을 필요로 하는 것과 마찬가지다. 때문에 늘 마음 한구석에선 '사 주고 말아? 학원 보내고 말아? 다른 아이들과 똑같이 시키고 말아?'라고 중얼중얼 혼잣말이 울리고 있는 것이다. 그럼에도 불구하고 어설프나마 자잘한 원칙을 정하고 그 이유를 묻는 아이에게 반복하여 설명하는 수고로운 하루하루를 살고 있다.

3학년 된 작은아이 현승이와 닌텐도에 관한 드라마틱한 이야기다. 하루에도 몇 번씩 "엄마, 그런데 엄마 아빠는 왜 닌텐도를 안 사 주는 거라고 했지? 하면 그렇게 나빠? 내 친구들 닌텐도 다 하는데 그렇게 되지 않던데……. 그냥 일단 산 다음에 시간을 정하고 잘 지켜서 하면 안 돼?" 하는 질문을 받는다. 분명 차분하게 다시 설명하지만 그 다음 날도 여전히 같은 질문을 하는 건 어쨌거나 엄마의 답이 시원찮다는 뜻일 것이다. 아니, 엄마의 고상한 가치가 아이에게는 전혀 이해되지도, 의미 있게 다가가지도 않는다는 것일까. 그런 대화가 반복되면서 또 다른 딜레마에 빠지게 되었다. 아이가 느낄 결핍감에 대한 염려다. 아무리 사소한 것도 내게 없으면 커 보이고 좋아 보이기 때문에 결핍감은 오히려 과도한 집착이 되는 것 아닌가. 이 지점에 이르러 엄마는 솔직히 또다시 갈팡질팡이다(십계명으론 부족하니 백 계명쯤 되더라도 이런 문제를 좀 성경이 콕 집어 정해 줬음 좋겠다). 그러던 와중 아이가 오매불망 갖고 싶던 닌텐도를 (부모의 의지와 상관없이) 갖게 되었으니! 엄마 아빠가 고뇌하며 지켜 주던 '게임기에 대한 순결'을 어이없이 잃게 된 것이다.

경위는 이렇다. 어느 날 아이가 진지하게 엄마에게 말했다. "엄마, 내가 엄마랑 많이 얘기했고, 생각도 많이 해 봤고 그런데……, 내가 꼭 닌텐도 게임을 하고 싶어서만 갖고 싶은 게 아니야. 친구들은 다 있는

데 나만 없는 게 너무 부끄러워"라고. 그리고 얼마 후 아빠가 아이패드를 사게 되었고 온 가족이 함께 "앵그리 버드" 게임을 즐기고 있었다. 돌아가며 게임을 하다 말고 갑자기 펄쩍펄쩍 뛰면서 "엄마, 나는 아빠가 아이패드를 사서 좋아하는 것보다 내가 더더더 좋아. 나는 우리 집에 닌텐도가 없어서 우리 집이 너무 가난한 줄 알았어. 아이패드가 있으니까 부자가 된 것 같아. 내가 너무너무 좋아." 닌텐도에 대한 상대적 박탈감이 이렇게 치유되는구나 싶어 내심 쾌재를 불렀다.

이렇게 지내던 중 아이의 고모가 조카의 이런 일련의 어록을 전해 들었다. 그러고는 바로 조카에게 전화하여 고모가 닌텐도 사 주겠노라고, 엄마도 설득해 주겠노라 떡하니 약속을 한 것이다. 시누이 직권으로 닌텐도 구입은 일사천리로 진행되었다. "요즘 어린이집 다니는 네다섯 살 아이들도 닌텐도 없는 애가 없어. 그냥 내가 사 줄 거니까 암말 말어." 결국 믿기지 않게도 아이는 닌텐도를 손에 들게 되었다. 엄마 아빠의 우려를 아는 아이가 첫날 잠깐 가지고 놀더니 "엄마, 다 했으니까 이제 이거 숨겨 둬. 어서 숨겨 둬" 그런다. 한참을 거실 바닥에 뒀더니 자기 방에 들어가서 닌텐도를 숨기고 나온다. 이건 뭐지? 누구를 위하여 닌텐도는 숨겨졌나?! 그러고도 엄마가 닌텐도 숨기는 일에 신경을 안 쓰니 다시 장식장 높은 곳에 의자를 놓고 올라가 얹어 놓는다. 이제 아이는 닌텐도 게임을 하고 싶은 마음보다 도대체 닌텐도를 숨기지 않는 엄마 때문에 좌불안석이다. "현승아! 엄마는 닌텐도 숨기지 않을 거야. 네가 약속한 시간에만 게임 할 거고, 너는 약속을 잘 지키는 아인데 엄마가 왜 닌텐도를 숨겨? 엄마가 현승이를 믿는데 숨길 필요가 뭐 있어?" 했더니 실리보다 명분으로 사는 아들이 감동받아 콧구멍을 벌렁거린다. 이렇게 말을 내놓고, 내게서 나간 말이 부메랑이 되어 다시 내 맘으로 들어와 일렁인다. 그리고 한마디가 내면에서 올라왔다. 믿어 주는 만큼 자유로워지는 아이들, 믿어 주는 만큼 자라는 아이들…….

사실을 말하자면 아무렇지 않게 치고 들어와 '게임기 순결'을 앗아간 애들 고모의 개입이 싫지만은 않다. 엄마인 내 마음이 자주 흔들렸듯 '닌텐도를 사 주지 않기'가 목숨처럼 지킬 일도 아니었으니까. 무엇보다 나의 '부모 노릇'에 대한 한계를 절감하기 때문이다. 내 인격의 불완전함처럼 '부모 노릇'의 불완전함 역시 매일처럼 맞닥뜨리는 좌절이다. 최선을 다하지만 때로 아이의 마음에 실망과 결핍감의 구멍을 내고 있음을 안다. 그럴 때 우리 아이를 깊이 사랑하는 또 다른 어른이 그분만의 방식으로 관계를 맺어 주는 것이 큰 위로가 된다. 말하자면, 우리 부부는 '고상한 양육'에 사로잡혀 아이들을 지나치게 통제하는 경향이 있다. 그럴 때 할머니 할아버지의 넉넉한 품에서 아이들은 또 다른 사랑을 경험한다고 믿는다. 집에 텔레비전이 없기에 아이들은 할머니 댁에 가서 자는 날에는 주야장천 몇 시간이고 텔레비전만 보다 온다. 속상할 때도 있지만 온전할 수 없는 엄마 아빠의 사랑에 다칠 수도 있는 아이들의 마음에 쿠션을 대는 시간이라 생각한다.

여전히 우리 아이들 일기엔 '다른 엄마와 다른 우리 엄마'에 대한 불만이 단골 주제다. 아이들에게 그렇게 인식되는 나 자신의 소신에 불안하고 흔들리는 날이 많다. 그래서 스스로 세운 원칙을 일관성 없이 허물기도 하고 할머니를 팔아서 자발적 타협도 한다. 도대체 양육이라는 것이 매끄럽게 되는 게 없다. 이럴 때 나를 붙드는 것이 '존재로 양육하기'라는 한마디다. 몇 가지의 원칙이나 행위가 아니라 내 존재 자체가 그대로 아이들에게 양육의 환경이 된다는 것이다. 이것이 위로가 된다. 원칙을 세우고, 지키고, 부끄럽게 별다른 설명도 못하면서 허무는 내 '행동'보다 큰 내 '존재'를 아이들이 지켜보고 있다고 믿기 때문이다. 궁극적으로 행동이 아니라 존재로 양육한다는 것이 오늘도 흔들리는 내게 위로와 함께 경각심을 일깨운다. 그래, 문제는 엄마의 삶 전체, 존재 그 자체다!

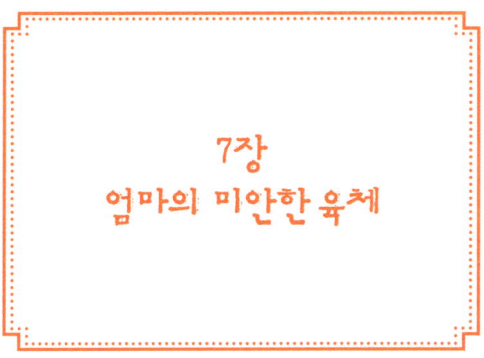

7장
엄마의 미안한 육체

아흔을 바라보시는 친정 엄마가 고관절 골절로 병상에 누우셨다. 이미 수년 전부터 골다공증이 심해 걸음걸이며 앉고 일어서는 일이 늘 위태위태했다. 엄마의 조심스런 걸음걸이를 바라보면서 유리로 된 등뼈를 생각했다. 칼슘이 빠져나간 엄마의 뼈는 유리처럼 투명하고 금방이라도 부서지고 깨질 것만 같아 불안했다. 45세의 늦은 나이에 늦둥이로 나를 낳으시고 연이어 동생을 낳으셨다. 늦은 출산으로 이미 몸속의 칼슘은 충분히 고갈되었을 것이다. 목사였던 남편이 일찍 부르심을 받으면서 어린 남매와 덩그러니 세상에 남겨지셨다. 남매를 기르는 데 노년을 바친 엄마는 칼슘은 물론이고 몸과 마음의 마지막 남은 양분이란 양분은 다 쏟아부으셨을 것이다. 그러니 내가 이나마 삶을 구축하고 채우며 살고 있는 것은 텅 비어 가는 엄마의 생명의 이면이 아니겠나.

침대에 누워 꼼짝 못하시는 엄마 곁에서 하룻밤을 지냈다. 먹고 화장실 가는 기본적인 욕구의 해결은 물론, 옆에 있는 손수건 하나도 남의 도움 없이 손에 쥘 수 없는 엄마를 지켜보아야 했다. 단지 지켜보는 것만으로도 고통스럽지만 그 정도는 '사치스런' 고통이다. 그 모든 것을 혼자 할 수 없는 엄마를 간호하는 것은 처절한 일이다. 조금이라도 몸을 이동할라치면 엄마의 작은 몸이 그렇게나 육중하게 느껴질 수가 없다. 몇 시간 만에 손목이 시큰거리고 손가락이 벌벌 떨렸다. 그 와중에 "아이구, 어쩐댜. 미안혀서 어쩐댜. 너도 약헌 몸인디……. 미안허다. 미안허다"라고 들리는 엄마의 목소리는 귀로 들어와 가슴을 후벼 판다. 엄마가 내게 힘을 실어 줄 수 있는 유일한 자발적 행동이 '말'이라는 듯, 엄마가 고통 없이 움직일 수 있는 유일한 근육이 성대인 것처럼 끊임없이 "미안허다. 미안허다"라고 했다. 늘 나보다 힘이 셌고, 더 강했던 엄마가 어쩌다 이렇게 미안한 존재가 되었을까? 이제 다시 돌이킬 수도 없는 '미안한 육체'가 된 엄마 몰래 소리 없는 눈물이 자꾸 흘렀다. 바위처럼 무겁게 느껴지는 엄마의 몸은 막상 만져 보면 전혀 다르다. 오랜만에 만져 보는 엄마의 살들은 긴장이라곤 없는 근육들로 바람에도 흔들릴 것 같다.

병원을 나와 주일 마지막 예배인 청년 예배에 참석했다. 청년 성가대의 맑은 소리가 유난히 생소하게 귀에 꽂혔다. 바이브레이션 없는 투명한 목소리를 듣자니 젊고 탱탱한 피부와 긴장감 넘치는 근육으로 덮인 저들의 육체가 느껴진다. 아, 늘어질 대로 늘어진 엄마의 살들이 오버랩 되었다. 저런 탱탱한 긴장이라곤 찾아볼 수 없는 엄마의 '미안한 육체'에 사로잡힌 탓이었나 보다. 젊음과 생명력이 생소하고 낯설어졌다. 우리 엄마도 젊었을 땐 노래를 잘했다고 했다. 성가대에서 찬송을 부르면 "목청 좋다고 칭찬이 늘어섰었어"라고 말하곤 했는데 내가 기억하는 엄마의 찬송은 항상 바이브레이션 그 자체다. 엄마도 저 청년들처럼 흔들림 없는 직선 같은 소리로 노래했던 적이 있을 것이다. 그리고 지금의 나처럼 늙지도 젊지도 않은 어정쩡하게 맑거나 투박한 소리로 찬송하던 시기를 지나 어느덧 지금의 노인네가 되었을 것이다.

청년 성가대의 찬양 소리는 좋다. 음악적 완성도는 상관없이 듣기에 좋은 구석이 있다. 젊은이들과 이야기를 나누고 농담 따먹기를 할 때는 평소보다 시계가 빨리 돌아가는 느낌이다. 늘씬한 종아리에 짧은 반바지를 입은 무리가 지나가면 그들로부터 눈길을 거두기가 쉽지 않다. 젊음과 생명력은 그렇게 매력적이고 사람을 끄는 힘이 있다. 반면 쇠잔해 가는 엄마의 몸, '미안한 육체'는 직면하고 싶지 않은 현실이다. 생명력이 빠져나가 흔들거리고 너덜너덜해진 노인의 피부는 죽음, 곧바로 죽음을 연상시킨다. '이러다 엄마가 돌아가시는 것 아닐까?' 병원에서의 하룻밤이 그리도 힘겨운 이유가 여기 있다. 어찌 됐든 엄마의 육체는 말한다. 언제가 될지는 모르지만 하루하루 죽음에 가까이 가고 있다고. 어디 엄마의 육체뿐인가? 나는 그렇지 않은가? 투명하고 싱그러운 소리로 노래하던 청년들은 또 어떤가? 우리 모두 하루씩 삶을 지우고 죽음에 한 발자국 더 가까이 가는 삶을 사는 것이다. 내 안의 근본적인 두려움, 죽음 그 자체, '죽을 수밖에 없는 존재인 나 자신'을 맞닥뜨리는 일은 두렵고 거북하고 회피하고 싶은 일이다. 쇠잔해

가는 엄마의 몸은 '죽음'으로 인한 온갖 두려움에 대한 나의 감각을 일깨운다. 환자보다 보호자가 먼저 쓰러진다는 말은 두려움에 눌려 지레 지쳐 버리는 나 같은 경우를 말하는 것 아닐까.

　인간의 처음과 끝은 어찌 이렇게도 닮았단 말인가? 엄마의 아기로 처음 이 땅에 왔던 나는 철저하게 의존적인 존재였다. 엄마가 젖을 물려 줘야 배를 채울 수 있었고, 엄마의 손길이 있어야만 내가 내놓은 배설물로부터 청결을 유지할 수 있었다. 엄마가 그렇게 전적으로 나를 돌볼 때 내가 할 수 있는 것은 그저 성대를 울려 '응애응애' 우는 것뿐이었을 것이다. 물론 엄마도 외할머니에게 처음 왔을 때 그러했을 것이다. 이제 엄마는 다시 철저하게 의존적인 존재로, 앉고 일어섬조차 스스로 할 수 없는 존재로 약하디 약한 내 몸에 기대어 있다. 생각해 보면 언젠들 우리가 독립적인 존재였던가? 젊음의 열정으로 생명력이 충만한 순간에도 과연 우리는 우리의 생명을 스스로 지켜 낼 수 있었던가? 활력이 넘치는 몸, 틀림없는 기억력, 탱탱한 피부와 떨림 없는 목소리로 인해 '내 삶은 내가 쥐락펴락할 수 있다'고 착각하며 살아온 삶이 아니었나? 그렇다. 처음과 끝이 아니라 인간은 의존하는 존재, 내어 맡기는 존재로 자리한다. 창조주가 아니라 피조물인 것이다.

　두려움으로 눈을 가리고 '안 볼란다, 안 볼란다' 하며 회피하지 말아야지 싶다. 엄마의 미안한 육체가 누운 자리는 머지않아 나의 자리가 될 것이다. 사춘기 딸의 신경질을 받아 내던 엄마가 저리 노쇠해지고, 엄마에게 대들고 신경질 부리던 딸이 어느새 사춘기 딸의 엄마가 되기까지는 그리 긴 시간이 아니었듯. 아직은 혼자 힘으로 할 수 있는 게 많은 육체라 하여 인생을 통제할 수 있다는 오만함에서 깨어날 때다. 나와 가족들과 주변의 사람들을 통제하려는 하나님 놀이가 하고 싶어질 때마다 엄마의 미안한 육체를 떠올리려 한다. 한때 금식 기도와 철야 기도로 인생의 역정을 돌파해 내던 엄마가 배변까지도 간병인에게 내어 맡기곤 묵묵히 인간의 한계를 받아들이는 것으로 생의 마지막 자존심을 지키고 있다. 슬픔과 두려움 때문에 회피하고만 싶은 병약한 엄마에게 더욱 내 삶을 밀착시켜야겠다. 엄마의 딸인 나는 사랑이란 이름으로 엄마에게 받은 상처, 믿음이란 이름으로 엄마에게 물려받은 바리새적인 신앙과 싸우느라 아픈 시간들을 보냈다. 이제 엄마의 미안한 육체와 화해하며, 나의 과거와도 더 깊이 화해할 시간이다.

내가 이 땅에 무력한 아기로 오던 그 순간부터 내게 생명줄이던 엄마 대신 진정한 생명줄인 그분께 온전히 내어 맡기는 인생을 사는 것이 오늘 엄마가 몸으로 전해 주는 마지막 지혜이고 훈계가 아닐까 생각한다. 엄마를 뵐 때마다 지혜의 신비 가득한 '미안한 육체'를 만지고 쓰다듬으리라. 아름답지 않아 아름다운 엄마의 몸을.

겨울

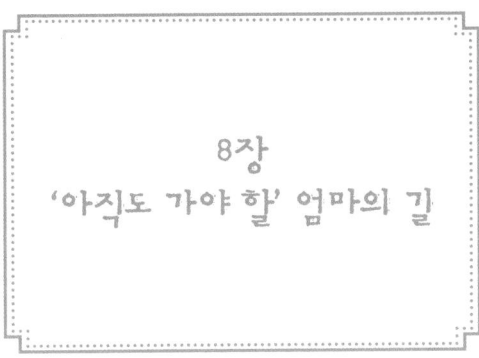

8장
'아직도 가야 할' 엄마의 길

　인공 관절 수술 후 노인 요양 병원에 입원하신 노모가 연일 기력을 잃어 가고 계셨다. 늙을수록 '밥심'이라며 식사만은 잘하셨는데 도통 식사를 못하시는 것이다. 이유는 금방 짐작할 수 있었다. 대부분이 치매 환자인 병실에서 정신만은 온전한 엄마가 겪어야 하는 '의식을 가진 죄'랄까? 병실의 모든 할머니에게 침대는 곧 식탁이며 화장실이다. 엄마에게도 마찬가지다. 하지만 또렷한 분별력을 가진 엄마에게는 비록 같은 공간에서 이루어지더라도 두 활동은 엄연히 다른 것이다. 식탁과 화장실이 혼재된 나날을 살고 있는 치매 할머니들 속에서 외딴 섬같이 지내는 엄마에게 밥이 넘어가지 않는 것은 당연한 일일 것이다. 이렇게 '엄마가 워낙 비위가 약하니까'로 이해하고 있었다. 그러나 점점 더 힘을 잃어 가는 엄마의 목소리에는 밥맛을 잃어버린 또 다른, 어쩌면 더 근본적인 이유가 있었던 것 같다. 그분들의 모습을 통해서 엄마의 불안한 내일을 보는 것이었다. 이전으로 다시 돌아갈 수 없을 뿐 아니라 하루하루 노화는 쉬지 않고 진행될 것이며 어떤 방식으로 진행될 것인지는 예측할 수 없다는 것. 이것을 눈앞에서 처절하게 확인하며 엄마는 입맛과 함께 기력을 잃어 가시는 거였다.

치매에 걸리신 친정 어머니를 요양 병원에 모신 딸의 고백을 들었다. "차라리 엄마가 치매라서 다행이라 생각해요. 치매가 더 나아요. 거기 계시려면 그게 더 나아요." 가슴이 콱 막힌다. 눈물조차 말라 바스락거리는 그 말을 들은 이후 고통스런 여운이 가시질 않는다. 그런 자조적인 말을 하기까지 얼마나 많은 눈물을 쏟았는지를 알기 때문이다. 그래, 노환의 투병 기간이 길어지면 정말 그렇게 생각할 날도 있겠구나.《끝나지 않은 여행》에서 스캇 펙은 말한다. 우리가 '의식'을 가지고 있지 않다면 고통을 느끼지 않을 것이라고. 그렇다. 의식의 끈이 가늘어진 사람들은 고통을 느끼지 않는다. 아니, 적어도 그렇게 보인다. 의식이 또렷하여 몸뚱이와 조화를 이루지 않는 엄마의 고통, 당해 보지 않은 내가 짐작이나 할 수 있겠는가. 의식을 가진 엄마는 당신이 누구인지, 지금 어디 있는지를 안다. 또 누구와 함께 있는지를 알고, 그분들을 통해서 자신을 객관적으로 바라볼 수도 있다. 간병인에게 구박받는 치매 할머니 당사자보다 더 굴욕감을 느낄지도 모르는 것이다. 의식이 있다는 것은 엄마에게 현재 그런 것이었다.

고심 끝에 병원을 옮기기로 했다. 당신 집, 또는 아들 집 바로 앞에 있는 병원이었다. 옮겨 가는 차 안에서 엄마는 "(병원에서) 나옹게(나오니까) 살겄다. 감옥이서 탈출헌 것 같어. 집이루(으로) 가자. 인자(이제) 집이루 가믄 낫겄어" 하며 간절한 바람을 여지없이 드러내셨다. 집을 그리는 엄마의 마음을 모를 리 없는 아들은 거절하지 못하고 무작정 집으로 모셨다. 엄마는 당신 방에 누우시니 이제야 기도도 나오고 찬송도 나온다 하시며 식사도 금방 잘하시는 것이다. 당신 방, 당신 침대가 얼마나 그리우셨겠는가. 아들, 딸, 며느리, 사위는 모두 이심전심의 막막함으로 말을 잃었다. "미안혀서 어쩌냐, 미안혀서 어쩌냐" 하시던 그 배려심 다 어디 가고 '나 몰라라' 뻗치고 누우신 형국이었으니까. 당신의 일상, 그 자리를 향한 그리움이 자식들 입장 헤아리는 모성보다 간절했음일 터. 엄마 몰래 주방 구석에 모여 "어쩌지, 어쩌지" 해 보지만 답이 나오질 않는다. 엄마의 간절함에 목이 메지만 당장 오늘 밤, 내일 낮 엄마의 식탁과 화장실을 집에서 어떻게, 누가 감당해 낼 것인가.

엄마 방에 들어가 슬슬 농담을 건넸다. 자식들 걱정할까 봐 얘기 안 했지만 많은 것이 힘들었다고 조용히 성토하시며 (내 눈엔 전혀 편안해 보이지 않는) 안도의 한숨을 내쉬신다. 그러고는 "집이서 며칠 밥만 잘 먹으믄 금방 걸을 수 있을 거여. 밥을 워낙 못 먹어서 그렁 것잉게……" 하며 집에 계시겠단다. 입을 떼기 어려웠지만 병원으로 가시자고, 가셔야 한다고 말씀드렸다. 엄마를 사랑하지 않아서도 아니고, 마음이 없어서도 아니지만 딸이든 며느리든 아들이든 엄마의 주저앉은 몸을 감당할 수 없다고 했다. 착하고 효심이 있는 자식들이지만 무거운 짐을 감당하다가 부부끼리 남매끼리 마음을 상하게 될 수도 있다고 말씀드렸다. 이것은 진정 엄마가 자식들에게 얼마나 부담스런 존재가 되었는지를 확인시켜 드리는 불효막심한 말임을 안다. 알면서도 했다. 할 수밖에 없었다. 모진 말을 담담하게 하고 있는 나 자신에 스스로 놀랐다. 낯설었다. 그러나 이렇게 나 스스로 분열되지 않으면 다른 방법이 없는 것 같았다. 다행히 엄마는 하룻밤만 자고 내일 아침 병원으로 가시겠다 했다.

'의식'이 있기 때문에 고통을 느낀다고 말한 스캇 펙은 또 말한다. "전적으로 의식 때문에 고통을 알게 된다면 또 한편으로는 의식으로 인해 (고통으로부터) 구원을 얻을 수도 있다"라고 말한다. 즉 고통을 있는 그대로 직면하고 받아들일 때 의식은 확장되고 이것이 곧 '인간의 성숙'이라고 한다. 매 주일 봉헌 시간마다 "모든 것이 주께로부터 왔으니"(새찬송가 634장)라고 노래한다. 지금 누리는 모든 좋은 것이 주께로부터 왔을 뿐 아니라 고통 역시 주께로부터 왔음을 생각하며 부르곤 한다. 80년을 넘게 신앙 안에서 한 걸음 한 걸음 성숙의 길을 걸어온 엄마다. 죽음이 가까운 노년이라 할지라도 '성숙'의 끝이 아니고 '아직도 가야 할 길'이다. 그렇다. 아직 엄마에게 의식이 있는 한 고통을 통해서 마음과 믿음이 함께 자라 가는 그 여정은 포기할 수 없는 것이다. 육신의 고통보다 더 아픈 것이 자식들에게 큰 짐이 된 당신의 존재일 테지만 있는 그대로의 현실을 받아들이고, '모든 것이 주께로부터 왔음'을 고백할 때 더 큰 은총을 누리실 수 있지 않을까? 섣부른 진통제 같은 말과 선택으로 눈앞의 두려움에 주저앉을 것이 아니라 고통을 껴안으시도록 도와 드리자. 엄마의 고통에 마음으로 동참하고 함께 우는 것으로 '아직도 가야 할 엄마의 길'을 잠시나마 함께 걸어 드릴 수 있다면……。

아니, 엄마의 문제만이 아니다. 짧은 하루를 지내면서 나는 '딸 입장'과 '며느리 입장'을 왔다 갔다 하며 혼란스러웠다. 온전히 딸이기만 하면 마음이 편하겠다. 엄마에 대한 연민만을 붙들고 '우리 엄마, 우리 엄마' 하면서 맘껏 이기적인 선택을 하고 싶기 때문이다. 그러나 나의 또 다른 이름은 며느리이기에 그 입장에서 바라보면 엄마의 부담스런 몸이 한없이 밉고 거부하고만 싶다. 딸과 며느리 두 개의 목소리는 내 안에서 커졌다 작아졌다를 반복하면서 연민과 분노를 오락가락하게 한다. 이 지점에서 나 역시 내 안의 딸과 며느리를 통합시켜 더 크고 넓은 의식을 선택하지 않을 수 없다. 짐이 되어 버린 당신의 존재를 있는 그대로 받아들임을 통해 병원으로 가는 '성숙'을 선택한 엄마처럼. 나 역시 엄마와 함께 내 몫의 고통을 껴안고 성숙해 가야 하는 것이다.

나와 엄마의 소망의 길은 여기서 끝이 아니다. 믿음의 순종은 '고통스런 지금 여기'에 대한 순종임을 주일 설교를 통해서 일깨움 받았다. 고통에 대한 온전한 순종이 의미 있는 이유가, 가능한 이유가 있다. "현재의 고난은 장차 우리에게 나타날 영광과 비교할 수 없음"(롬 8:18)을 알기 때문이다. 머지않아 그 영광을 마주하게 될 엄마, 엄마의 유산으로 인해 언젠가 그 영광을 함께 누릴 우리 자식들임을 알기에 떨구었던 고개를 들어 하늘을 바라본다. 눈이 시리도록 푸르른 초겨울 하늘을 오래 바라본다. 흐려진 눈앞이 다시 맑아져 그 드넓은 푸르름이 또렷해질 때까지.

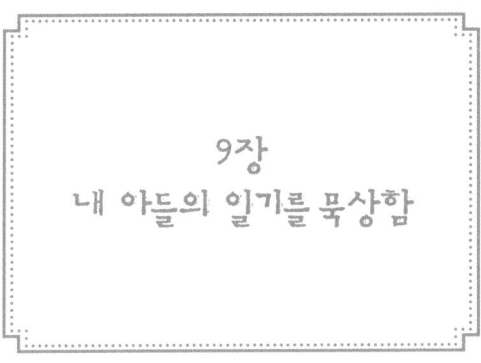

9장
내 아들의 일기를 묵상함

두 아이가 그림 일기를 쓰기 시작할 때부터 말해 왔다. "정직하게 써야 해. 일기든 어떤 글이든 정직하게 써야 하는 거야. 그렇지 않은 글은 안 쓰는 게 더 나아"라고 가르쳤다. 일관되게 꾸준히 잔소리를 해 온 탓에 아이들의 일기가 (엄마와 선생님께) 보여 주려 쓰기는 하지만 비교적 정직한 것 같다. 요즘 '정직한 일기 쓰기'에 더욱 탄력을 받은 둘째 아이의 일기를 보면 '내 발등을 찍었구나' 하는 생각이 든다. 가끔 소리도 꽥 지르고, 지르다 못해 분노 폭발도 했으며, 약속한 것 지키지 못한 것도 많고, 일관성 없이 훈육한 적도 있지만 그래도 '이만하면 괜찮은 엄마'라며 은근한 자부심을 갖고 있다. 헌데 아들의 정직한 일기에 드러난 엄마로서의 내 모습은 괜찮은 엄마는커녕, 이건 굴욕 그 자체다. '담임 선생님이 일기 검사를 하며 보실 텐데' 하는 생각이 들면 뒷목이 살짝 당기기도 한다. 살살 꼬셔서 좋은 얘기만 쓰도록 할까?

아서라. 아니다. 애가 그렇게 느끼면 내가 그런 엄마인 게지. 내가 되고 싶은 엄마를 이상화해 놓고 나는 거기에 가깝다는 착각에 빠져 있어서도 안 될 일. 그래. 내가 내 발등 제대로 찍었다 치고 오늘은 말씀을 묵상하듯 아드님 일기를 읽어 보자. 아드님 일기에 비친 내 모습을 있는 그대로 직면해 보는 거다.

제목 : 어린이를 조종하는 어른 (2012년 7월 10일, 화요일, 맑음/비)

엄마는 어른이 어린이의 보호자라고 하지만 나는 어린이를 어른이 마음대로 제멋대로 조종하는 것 같다. 학교도 어른 마음대로 가라고 하고 숙제도 하라고 한다. 하지만 깊게 생각해 보면 어른이 좀 고맙기도 하다. 부모님께서는 용돈도 주시고 지켜 주시기도 하고, 같이 놀아 주시고, 선생님께서는 공부를 가르쳐 주시고……. 하지만 그래도 좀 너무 어른들 맘대로 하는 것 같다.

일기에 드러난 아드님의 마음(본문 해석)

아무리 생각해도 엄마는 '보호자'가 아니라 '조종자'다. 이렇게 단정하고 쓰면 엄마가 읽고 기분 나쁠지 모르니까 몇 마디 고맙단 말은 끼워 넣겠지만 엄마는 확실히 권력을 남용한다. 부당하다.

일기를 통해 내게 주는 메시지(본문 재해석)

내 돈으로 내 장난감 산다는데 그걸 왜 못하게 하는 것인가요? 레고가 있지만 새로운 레고가 또 나왔고 나는 그것을 사고 싶은데 왜 엄마 맘대로 못 사게 하는 거예요? 엄마는 이미 옷이 많은데도 사고 싶은 옷 있으면 또 사면서!

나의 묵상(적용)

내가 엄마로서 다른 건 몰라도 '아이를 조종한다'는 것은 억울하다. '통제가 과하다'도 아니고 '조종한다'라니……. 내 뜻과 네 뜻이 다를 때, 백번 내가 옳다 여겨지는 순간에도 '그래, 틀리더라도 자신이 선택하여 틀리고 실패해야지, 인격체로 대해야지' 하면서 져 준 날이 얼마나 많았는데(아, 이렇게 자기방어를 하는 게 아니지. 말씀 그대로 받아들이자ㅠㅠ)! 그래, 아들아. 엄마가 통제가 많은 편이지. 더 많이 자유를 주려고 노력할게. 다만, 레고는 너무 많이 샀어. 이번엔 아무리 그래도 안 된다.

제목: 우리 엄마(2012년 8월 30일, 목요일, 비)

우리 엄마는 짜증이 난 것 같기도 하고 화가 난 것 같기도 하고 짜증이 안 난 것 같기도 하고 화가 안 난 것 같기도 하다. 하지만 나한테는 화도 짜증도 안 났다고 했다. 그렇지만 나는 그 말이 진짜인지 아닌지 모르겠다. 나는 엄마가 지금 화나 짜증이 났으면 빨리 풀렸으면 좋겠고, 화나 짜증이 안 났으면 화난 것처럼 안했으면 좋겠다. 나는 어떻게 엄마가 화난 것처럼 보이냐면 원래보다 말이 없다. 우리 엄마는 화가 나면 말을 별로 안 한다. 우리 엄마가 이 일기를 읽고 화가 더 날 수도 있고 화가 풀릴 수도 있다.

일기에 드러난 아드님의 마음(본문 해석)

엄마는 내가 보기엔 딱 삐져 있는 것 같은데 말로는 아니라고 한다. 말로 아무리 아니라고 하면 뭐하나? 비언어적으로, 온몸으로 화가 나 있다는 걸 보여 주면서. 내가 우리 엄마 하루 이틀 보나.

일기를 통해 내게 주는 메시지(본문 재해석)

엄마, 그러지 말고 차라리 화가 났으면 화가 났다고 말하세요. 엄마가 늘 그러잖아. 정직해지라고. '정직하라'는 것은 무엇보다 자신에게, 자신의 감정에도 정직해지라는 것이라고 나한테는 가르치면서 엄마는 지금 뭐하는 거냐고요. 내가 바라는 건, 어서 화 풀고 나한테 친절해지세요!

나의 묵상(적용)

너에게는 옳다고 가르치는 것을 정작 엄마는 못하고 있음! 인정한다. 자신의 감정에 솔직하고, 감정을 쌓아 두지 않고 그때그때 풀도록 하자고 가르치면서 말이다. 사실은 엄마의 약점이야. 그래서 더더욱 너에게 요구하는지도 몰라. 이 부분에 관한 한 엄마가 네게 말로 가르치는 만큼 엄마도 함께 자라 가도록 할게.

제목 : 천사 엄마와 악마 엄마(2012년 8월 17일, 금요일, 맑음)

우리 엄마에게는 두 가지 모습이 있다.

천사와 악마다.

내가 음식을 잘 먹을 때나 많이 먹을 때는 우리 엄마가 천사처럼 착해진다.

반대로 내가 음식을 배틀(뱉을) 때나 남길 때 악마처럼 무서워진다.

하지만 내 눈에는 엄마가 천사 같을 때가 훨씬 많아 보인다.

그리고 악마 엄마는 가끔 보이는 것 같다.

나는 엄마가 이 일기를 읽고 어떻게 생각할 지 대충 알 것 갔다(같다).

일기에 드러난 아드님의 마음(본문 해석)

우리 엄마는 왜 그리 '먹는 양'에 집착하는 것일까? 내 위가 소화시킬 수 있는 양이 있고, 나는 위가 다른 아이들보다 작을 뿐인데 말이다. 조금 남긴다고, 뭔가 비위가 안 맞아 '욱' 할 것 같아서 뱉는다고 왜 그리 화를 내는 것인가? 그렇게 되도 않는 일로 화를 내는 걸 보면 꼭 악마 같다. 내가 이렇게 말하면 또 엄마가 충격 받겠지? 그래 '가끔'이라고 해 주자.

일기를 통해 내게 주는 메시지(본문 재해석)

엄마, 제발 내가 먹는 양을 내가 정하게 해 주세요. 먹는 것 가지고 그렇게 화를 내면 엄마는 정말 악마 엄마가 되는 거예요. 난 엄마가 그럴 때면 '사람인가?' 싶어요. 그리고 오히려 더 못 먹겠어요. 이 일기를 보고 엄마가 어떻게 생각할지 대충 알겠지만 그래도 할 말은 해야겠수다.

나의 묵상(적용)

때로 엄마가 과도한 걱정을 하게 되는 것 같다. 또래보다 키가 작은 널 보면 괜히 엄마 탓 같고 어떻게든 많이 먹여야 한다는 강박 관념에 사로잡혀. 네 밥그릇에 무조건 밥을 많이 푸고, 또 네 입에 뭐든 막 집어넣으면 엄마의 불안이 해소될 것 같아서 그러는 거겠지. 알았다. 네 말을 잘 알아들을게. 더불어 "누가 염려함으로 그 키를 한 자라도 더 할 수 있겠느냐"(마 6:27) 하신 주님의 말씀도 함께 들어야겠다. 그런데 너 그걸 어떻게 알았냐? 엄마 속에 천사 엄마도 있고 악마 엄마도 있다는 걸 도대체 어떻게 알았어? 엄마도 고민이란다. '내 속에 내가 너무도 많아'서 말이야.

> 내 속엔 세상을 다 품을 만한 관용의 평원이 있고,
> 말 한 마디도 담지 못할 간장 종지가 있어.
> 어떤 비난도 달게 들을 당나귀 귀가 있고,
> 다른 사람의 사소한 자랑 하나도 들어 줄 수 없는 바늘 귓구멍이 있어.
> 내 속엔 뭐든 넉넉히 나눠 줄 수 있는 어른이 있고,
> 사랑이 고파 울고 있는 아이가 있단다.

엄마가 그래. 그러고 보니 너의 일기가 이런 엄마의 내면을 그대로 보여 주는구나. 앞으로 자주 아드님 일기를 가지고 묵상을 해야겠어.

엄마가 네 일기를 읽고 대충 어떻게 생각할 것으로 예상했는지 모르겠으나 엄마는 이렇게 생각한다. 고맙다, 이 녀석아!^^

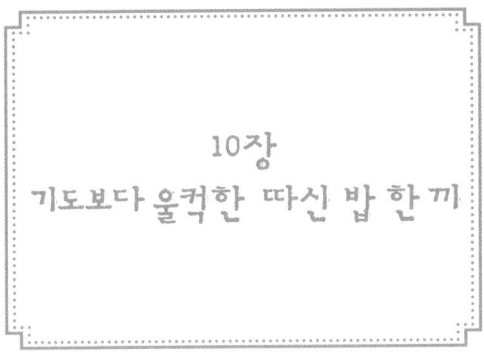

10장
기도보다 울컥한 따신 밥 한 끼

　언제 어느 교회에서 시작됐는지 모르겠지만 '수능일 학부모 기도회'는 송구영신 예배만큼이나 보편적이 된 것 같다. 아파서 끙끙거리는 아이를 바라보면서 '내가 아프고 말지', 피할 수 없는 좌절을 겪는 것을 바라보면서 '내가 당하고 말지' 하는 것이 엄마 마음 아닌가. 그 긴장되는 일생일대 중요한 시험장에 아이를 홀로 들여보내고 마음 졸일 엄마들이 동병상련의 마음으로 함께 모이는 것만으로도 힘이 될 것 같다. 게다가 무력한 인간의 최종 병기인 '기도'로 모인다니 말이다. '수험생을 위한 백일 기도회'나 '합격을 위한 기도회' 등의 광고 문구를 보면 '이기적인 기도, 기복적인 기도'의 진수를 보는 것 같아 불편한 마음이 없지 않다. 그런데 '수능일 학부모 기도회'에 대한 느낌은 다르다. 어디에 있어도, 무엇을 해도 안절부절 노심초사일 엄마들을 위한 따뜻한 위로의 자리가 마련되는 것 같다고나 할까.

헌데 내가 접한 거의 모든 '수능일 기도회'가 진행되는 방식은 이러하다. 보통은 시험이 시작되는 시간부터 마치는 시간까지 진행된다. 어떤 경우에는 시간표에 맞추어 과목별로 기도하고 쉬는 시간도 같이 쉰다고 한다. 그 긴 시간이 '(프로그램처럼 된) 기도회'로 진행되고 거기에 참여한다는 것은 인간적으로 얼마나 힘든 일인가? 당일 기도회 진행을 맡은 교역자의 심정이라면 또 어떤가. 흔히 하는 기도회의 방식대로 기도 제목을 주고 거기에 따라 기도해야 한다면 그 긴 시간을 채울 기도 제목을 생각해 내는 것도 보통 일이 아닐 것이다. 게다가 시험 시간에 맞춰 기도회를 해야 한다면 각 과목에 따른 기도 제목을 어떻게 다 구색 맞춰 낼 것인가. 별걸 다 걱정한다 하겠지만 나는 이 지점에서 무력한 인간이 창조주께 엎드림으로 그분과 연결되는 최종 병기 '기도'의 왜곡을 본다.

　구조화되고 구체적인 기도 제목이 기도의 본질을 흐리는 경우를 많이 봤다. 기도에 대한 마음, 즉 삶에 대한 무력함이 절절할수록 기도는 언어를 잃고 침묵과 신비가 되어 버릴 수밖에 없다고 생각한다. "1교시가 시작되었습니다. 언어 영역에서 공부한 모든 것이 생각나게 해 주시고······", 이런 구체적인 기도 제목은 엄마들의 마음을 순간적으로 위로하는 진통제 효과는 있을지언정 궁극적으론 믿음으로 안내하는 방식이 아니다. 기도에 담긴 위로하려는 의도 자체는 선하고 아름다울지 몰라도 그것은 하나님께 드리는 기도라기보다는 엄마들 귀에 듣기 좋은 종교적 포퓰리즘이 되는 것은 아닐까. 불안과 두려움 속에 있는 입시생과 학부모들에게 기도의 형식을 빌어 위로하는 것이 뭐 그리 나쁜 일이냐고?

사랑하는 자녀의 큰 시험 앞에서 아무것도 해 줄 수 없는, 철저하게 무력감을 느끼는 엄마는 그 어느 때보다 참된 신앙의 자리로 나갈 수 있는 때라 여겨진다. 고사장에 들여보낸 엄마뿐 아니라 불치의 병을 선고받은 사람처럼 인간으로 할 수 있는 것이 없는 자리에 이른 사람은 자신을 비우고 하나님으로만 채워지길 기다리는, 심령이 가난한 자가 될 수 있는 것이다. 헌데, '기도회'라는 이름으로 모이면 '기도 제목'이라는 구체적 해결 목록이 앞세워지고, '채움, 긍정, 성공'으로 방향을 급선회할 가능성이 크다. 가난하여 의지하던 마음 어디로 가고 기도의 열심으로 하나님을 통제하겠다는 충천한 의지가 통성 기도의 높은 목소리로 터져 나온다. 아, 열심 있는 기도, 통성 기도도 다 좋다. 그러나 기도가 그 자체로 하나님을 향해 나아가는 목적이어야지 수단이 되어서는 곤란하지 않겠나 하는 것이다. 병들고 약하고 무력한 인간이 '기도'를 통해서 하나님께 위로받는 것은 당사자와 하나님 사이의 은밀한 사랑의 소통이 아니겠나. 위로하겠다는 의지로 충천하여 내놓는 기도 제목과 응답에 대한 희망적 추측이 오히려 그 은밀한 소통을 방해하지는 않을까 하는 우려의 마음이다.

수능일 학부모 기도회 얘기를 들을 때마다 올라오던 이 삐딱한 의문은 올해 새로 옮겨 온 교회의 광고 문구 하나로 해결되었다.

2013년도 대입 수학능력시험을 보는 학생들을 위해 기도해 주시기 바랍니다. 수능 시험 당일에 누구든지 ○○○ 예배실에서 기도하실 수 있으며, 기도하시는 분들을 위해 주방에서 점심 식사가 제공됩니다.

아, 이거면 족하겠다. 기도가 필요한 사람들에게 기도 자리를 마련해 주는 것, 그리고 그들을 위해 따신 밥을 준비해 주는 것. 광고를 듣다가 "기도하시는 분들을 위해 주방에서 점심 식사가 제공됩니다", 이 부분에서 나는 수험생 엄마도 아닌데 마음이 울컥했다. '중보 기도' 아닌 '점심 식사'에 울컥하는 나는 너무 육적인 인간일까? 기도로 들어야 하는 하나님의 음성과 위로는 신의 영역이라 생각한다. 인간이 신의 영역을 가지고 기도 제목이라는 미명하에 얄팍한 위로를 주려는 것은 월권이다. 인간에게는 인간의 영역이 있고, 육적인 인간이 제공할 수 있는 최선은 '밥'이다. 고난과 두려움 속에 있는 형제자매에게 하는 '기도할게요'라는 말이 해놓고도 민망할 만큼 공허한 적이 한두 번인가. '기도'가 '위로'의 방편이 될수록 그 인사는 공허해질 수밖에 없을 것이다. 기도가 필요한 사람을 위해 드리는 진정한 기도 역시 그를 사랑하는 내 마음과 기도 들으시는 하나님 사이의 은밀한 사랑의 언어이기 때문이다. 그렇다면 그를 위한 기도는 은밀한 내 골방으로 가져가야 할 일이다. 더욱이 기도에 그를 향한 위로를 담고 싶다면 더욱 절절한 마음으로 그를 내 마음에 품어 은밀히 보시는 하나님께 가져갈 일이다. 그렇게 신의 영역은 신의 영역으로 드리고, 육적인 위로는 따뜻한 밥으로 건네는 것이다.

공교롭게도 주보 광고에 은혜 받은 날, 문자 메시지를 하나 딱 받았다. 거두절미하고 "점심 먹읍시다"라는 문자였다. 주중에 작지 않은 실패를 경험한 우리 집 큰아이를 바라보면서 꽤 마음이 아픈 상태였다. '너나 나나 아픈 건 아픈 채로 견뎌야지, 어떡하겠니' 하는 마음으로 모든 것에 냉담해진 상태였다. 사람들을 만나면 어설픈 위로를 해 올까 봐 피할 수 있으면 피해야지 싶었다. 그때 날아온 문자 "점심 먹읍시다." 이 한마디가 아픔으로 온기를 잃은 마음에 한 줄기 훈풍을 일으켰다. 그렇다. 몸을 입은 우리에게 있어 형제를 향한 최선의 중보 기도는 따뜻한 밥 한 끼를 나누는 것일지 모른다. 온갖 '긍정의 힘'으로 포장되고 '잘되는 나'에 대한 환상으로 버무려진 '기도'보다 말이다. 수능을 치는 아들내미 둔 친구에게 당장 문자 넣어야겠다. 거두절미하고 '만나자, 밥 먹자' 해야지.

11장
레위인 콤플렉스

사모님, 엄마가 이거 갖다 드리래유

우리 집 부엌 앞에는 종종 친구나 다른 집 언니 오빠들이 서 있었다. 내 아버지는 시골 교회 목사님이었고, 우리 가족은 예배당과 붙어 있는 사택에 살았다. 복숭아가 나는 철, 감을 딸 때, 호박을 거둘 철마다 그들은 실과를 들고 심부름을 왔다. 그 당시에는 다들 첫 열매는 목사님께 (어쩌면 하나님께?) 바쳐야 한다는 걸로 알고 있었다. 그래서 교인들은 목사관인 우리 집으로 처음 거둔 열매를 가져오곤 했던 것이다. 그즈음의 기억이다. 친구 집 부엌에서 여자애들 여럿이 모여 놀이를 겸한 요리를 하는 중이었다. 밀가루를 찾는다고 찬장을 뒤지던 친구 하나가 찬장 깊숙이 있던 커피 병을 꺼내 들었다. 무슨 말이 오갔는지 기억나진 않지만 집주인인 친구의 마지막 말만큼은 또렷이 기억

한다. "야아, 빨리 넣어 놔. 그거 목사님 심방 오실 때만 드리는 거야."
그 말이 커피 뚜껑에 있던 커다란 별모양 하나와 함께 강한 인상으로
남아 있다. 이런 일들이 익숙할 뿐만 아니라 당연하게까지 여겨지던
어린 시절, 나는 일종의 특권 의식인 '레위인 콤플렉스' 같은 걸 가지
고 있었던 것 같다.

목사님 심방 오실 때만 드리는 거야!

이 시대 개신교 목사님들에 대한 존경과 신뢰가 땅에 떨어진 배후
에는 '레위인 콤플렉스'라 부르면 딱 좋은 '특권 의식'이 있다고 생각
한다. 이런 특권 의식은 성도들의 과도한 섬김이 불러온 부작용이기도
하지만, 목회자 자신에게도 그 원인이 있지 않나 생각한다. 성직, 그 부
르심대로 '거룩한 삶'을 살아야 한다는 부담감. 아니 부담감에서 그치
는 것이 아니라 적지 않은 세속의 즐거움을 포기해야 하는 구별된 자
리. 어쩌면 이런 희생에 대한 보상 심리가 '특별한 정체감'을 가지게 한
건 아닌지 조심스레 추정해 본다. 누구보다 하나님 나라를 위해서 많
이 희생했고, 고통을 감내했고, 하나님과 최근접 거리에 있다는 의식,
이런 것들이 목회자들의 정체성에 '특권 의식'을 심은 것은 아닐까. 교
인들에게 들을 소리 못 들을 소리 다 들으면서도 참고, 경제적인 궁핍
함을 감내하고, 몸이 상하도록 기도하며 교우들을 축복하는데 무슨
특권 의식이냐고? 이런 특권 의식 말이다.

대기업 회장을 방불케 하는 권력과 금권을 가진 대형 교회 목사님

부터 이제 막 신학대학원에 들어가 목회자 후보생이 된 전도사님에 이르기까지 '특권 의식'의 징후를 찾아내는 것은 어렵지 않다. '내가 세워 부흥시킨 교회를 내 아들에게 준다는데 무슨 문제냐'며 당당히 세습을 감행하는 목사님은 걸어 다니는 특권 의식이라 불러 드려도 좋으리라. 어떤 자리에서 누구를 만나든지, 어떤 주제의 대화를 나누든지 정답은 자신에게 있다는 듯 가르치고 설교하려 드는 목사님들. 하나님의 뜻이란 하나님의 뜻은 다 꿰고 있는 것처럼 단정하는 목사님들 역시 마찬가지다. 가끔 이제 갓 신학교에 입학한 파릇한 전도사님의 설교를 들을 기회가 있다. 이런 경우 민망하여 손발이 오그라들 때가 있다. "여러분, 인생이 그리 녹록한 게 아닙니다. 그러기에 더욱 하나님 의지해야 합니다", 이런 식의 멘트를 날리실 때다. 부모님뻘 되는 연배의 교우들을 앉혀 놓고 인생의 녹록치 않음을 설파하고 예화를 들 때는 설교만 아니라면 농담을 던져 화제를 돌리고 싶은 심정이다. 이것은 젊은 전도사님의 '감각 없음'의 문제가 아니라 설교자라는 특권 의식에 사로잡힌 나머지 나이도, 인생의 경륜도 뛰어넘어 자신을 높은 곳에 세운 탓이라 본다. 때문에 일상에서 가장 겸손하게 머리를 조아리시던 젊은 목사님이 강대상에만 올라가면 꾸중하고 윽박지르는 무서운 어르신이 되기도 한다.

　점점 더 '특권 의식'에 사로잡혀 안목이 좁아지는 목회자들은 필연적으로 교인들과 진심으로 영혼으로 소통하기 어려워질 것이다. 가난한 목회자 후보생이 한 분 있다고 하자. 학비 한 푼 댈 돈은 없지만 권사님들 모이신 기도회 설교에서 예화로 든 것이 공교롭게도 자신의 처지였고, 곧 등록 마감인데 준비된 것은 없지만 염려하지 않는다는 식의 얘기였다면. 그런데 자리에는 꼭 넉넉하게 사시는 권사님 한 분쯤 계시기 마련이고, 설교 후 기도하는 중에 '그 학비 네가 드려라' 하시는 하나님의 음성을 들었다면 어떨까? 그래서 결국 그 전도사님은 매 학기 하나님의 채우심을 경험했고 무사히 신학교를 졸업했으며 간증 겸 설교를 확신 있게 전하게 되었다. "왜 돈 걱정을 하십니까? 하나님이 다 채워 주십니다"라고 하면서. 학비가 아니라도 "아이 분유 값이……." "대학 간 큰아이의 방을 얻어야 하는데 목사 아버지가 무슨 돈이 있어서……." 이런 방식으로 레위 지파 목사님은 '하나님이 다 채워 주시는 삶'을 사신다 치자. 이렇듯 특별한 은총의 삶을 사시는 목사님들이 맨몸으로 자본주의 세상을 사는 교인들의 삶을 공감하고 함께 울어 주며 그들의 영혼에 가닿는 말씀을 전할 수 있을까? 마이너스 통장의 숫자가 꽉 차는 한계를 비빌 언덕 없이 오락가락 넘나들며 사는 뭇 서민 양(¥)들의 삶을 체휼하지 못한다면 말이다. "아무리 설교를 해도 성도들의 믿음이 자라질 않는다. 믿음이 없다. 하나님께 믿고 맡기지를 못한다"며 윽박지르기 전에 자신의 양들은 '특권' 없는 벼랑 끝의 하루하루를 살고 있음을 아셔야 할 것 같다. 이들은 믿음이 없는 것이 아니라 주머니가 넉넉한 부자 권사님을 가지지 못했고, 심방과 장례 예배 인도 등으로 흘러들어 오는 예기치 못한 수입의 통로가 없을 뿐인지도 모른다. 목회자를 위해서 최고급 식당에서 밥을 사는 장로님, 선교 헌금이라며 쌈짓돈 모은 것을 내놓는 권사님, 수련회든 무슨 일이든 척척 찬조금을 내놓는 집사님. 목사님들이 '특권 의식'을 걷어 내고 이런 분들을 바라본다면 감동이 달라지고 태도가 달라질 것이라 생각한다.

거룩하게 구별되어야 할 레위인, 콤플렉스에 물들어

누가 우리의 목사님들을 '거룩하게 구별된 레위인' 아닌 '레위인 콤플렉스'에 물든 부족한 목사님으로 만들었나? "주의 사자를 대적하면 안 된다, 아무리 잘못을 해도 기름 부음 받은 주의 좋은 하나님이 알아서 하신다, 목사님께 축도를 받아야 예배드리고 복을 받는 것이다"라고 하시는 우리 엄마 같은 권사님들이다. 그런 말이 성경에 어딨냐며 엄마한테는 대들어도 막상 목사님께는 잘하고 잘 보여야 할 것 같아 마음에도 없는 "목사님, 설교에 은혜 받았습니다" 인사를 하며 과도하게 머리를 조아리는 권사님의 아들, 딸들이다. 자신의 아이에게는 과자 하나 사 줄 돈이 없는 어려운 형편에 구하기도 어려운 커피를 사다 찬장에 숨겨 둔 집사님이다. 남편의 말과 행동에서는 비판거리를 백 개도 넘게 찾아낼 수 있지만 목사님의 설교가 아무리 상식에 닿지 않아도 그저 "아멘 아멘"만 해야 한다고 믿는 또 다른 집사님이다. 그리고 무엇보다 찬장에서 꺼낸 커피를 한 번도 거절하지 않고 마신 목사님, 설교에서 은혜 받았다는 말만 골라서 마음에 새기는 목사님, "노멘" 하는 교인은 물리치고 "아멘"만 하는 교인을 찾으시는 목사님, 자신이다.

좋은 마음으로 목사님 잘 섬긴 권사님, 힘들게 설교하고 내려오신 목사님 힘내시라고 "설교에 은혜 받았다" 인사하며 격려하고 순종한 집사님께는 지혜로운 섬김과 순종이 있었으면 좋겠다. 가끔 나의 무분별한 칭찬이 '사람'인 목사님께 약이 아니라 독이 될 수도 있다는 생각

말이다. 감사의 마음으로 대접하는 식사가 때로는 그분에게 해가 될 수도 있다는 분별력 말이다. 무엇보다 목사님들 자신이 거룩하게 구별된 레위인이 되기 위해서 더 철저한 자기 점검을 하셨으면 좋겠다. '일 안하고 기업을 받는 것'에만 익숙해지고 '거룩한 헌신' 대신 '특별한 권위'의 자리에 자신을 앉혀 놓는 것은 아닌지를 돌아보시면서 말이다. 그리하여 그것이 독이 되는 줄 알아 성도들의 칭찬과 고급 식당에서 대접하는 식사를 거절하실 수도 있는 용기가 필요하다고 생각한다.

 최근 페이스북을 하면서 글을 썼다 하면 글에 대한 공감을 표시하는 '좋아요'가 기본 수백 개 달리는 목회자와 목회자급 인사들을 주의 깊게 본다. 과연 많은 사람의 공감을 한꺼번에 얻어 내기에 충분한 감동 있는 통찰을 나눈다. 수많은 '좋아요'와 공감의 댓글이 줄을 잇는 이유가 있다. 그리하여 연예인 못지않은 인기를 누리는 분들이 가끔씩 고개를 갸우뚱하게 하는 글이나 표현을 내놓는 것을 본다. 살짝 상식에서 벗어난 글이거나 한 개의 글 안에서 논리적 모순을 드러내는 표현들이 눈에 띄는 것이다. 나처럼 갸우뚱하는 사람도 있겠지만 여전히 그런 글에도 '좋아요'는 수백 개씩 붙는다. 그리고 갸우뚱했던 표현들은 타임라인을 따라 흘러내려 가 묻히고 잊힌다. 인기인이 되어 가며 인기의 거울에 비친 자신의 모습을 오래 들여다볼수록 맑은 눈은 흐려질 수밖에 없을 것 같다. 특권 의식과 스타 의식을 키워 내는 과도한 나르시시즘으로 스스로의 판단력을 해치지 않도록 더 날카롭게 자기 점검을 해야 할 것이다. 목회자들의 특권 의식은 오랜 세월을 거쳐 바로 그런 방식으로 견고해졌던 것 아닐까? "은혜 받았습니다. 존경합니다. 축복해 주세요"에 매몰되면서 한두 번씩 눈에 띄지 않는 판단의 실수를 하고, 그것이 성도들의 특별 대접 속에 묻히고, 더 많은 판단의 오류들이 생겨나지만 '주의 종' 대접으로 다시 묻히고, 반복되고 또 묻히면서 돌아오지 못할 '특별한 강'을 건너게 된 것은 아닐까? 이적을 베풀고 사람들이 열광할 즈음엔 늘 한적한 곳으로 몸을 피하셨던 예수님을 떠올린다. "예수님, 은혜 받았습니다. 예수님, 완전 감동입니다. 예수님, 좋아요 곱하기 100입니다." 이런 것들을 피하여 대신 기도의 자리로 나아가신 것 아닐까?

나는 레위인의 여자다. 아버지도 남편도 동생마저도 목사여서 레위인 콤플렉스에서 자유로울 수 없다. 아버지 덕에 처음 난 열매, 잘생긴 과일을 얻어먹었고 남편 덕에 고급 식당에서 귀빈 대접 받으며 밥을 먹기도 했다. 어린 시절 친구 집 찬장에서 발견한 커피가 내 아버지의 몫이라는 것을 떠올리며 불편함도 있지만 여전히 으쓱해지는 어깨를 어쩔 수 없다. 레위인의 여자는 "사모님, 목사님 설교 좋았다고 전해 주세요"라는 권사님의 한마디에 세상을 다 얻은 것처럼 기분이 좋을 때가 있다. 그래서 이렇게 커밍아웃해 보는 것이다. 특권 의식을 걷어 내는 일은 드러내는 일부터 시작해야겠기에 말이다.

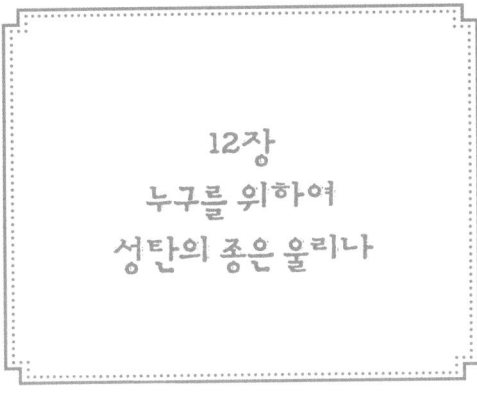

12장
누구를 위하여
성탄의 종은 울리나

울면 안 돼 울면 안 돼
산타 할아버지는 우는 애들에게
선물을 안 주신대
산타 할아버지는 알고 계신대
누가 착한 앤지 나쁜 앤지
오늘 밤에 다녀가신대

나는 음악으로 장애, 비장애 아이들을 만난다. 치료실이나 교실에서 처음 만나는 아이들의 표정과 태도는 장애, 비장애 또는 기질과 상관없이 비슷한 것 같다. 엄마 옆에 딱 붙어서 불안과 긴장 가득한 눈으로 '여긴 어딘가? 저 여자는 누군가?' 하며 살피는 것이다. 그런 아이들을 무장 해제시키는 방법이 있는데 그 아이가 좋아하는 노래를 불러 주는 것이다. '드르릉' 부드럽게 기타 줄 한 번 튕기고 나서 "노는 게 젤 좋아~"(만화 뽀로로 주제곡) 또는 "반짝반짝 작은 별" 하면서 살며시 노래를 부르기 시작하면 '어?' 표정과 함께 긴장되어 힘이 들어갔던 눈동자가 풀어지는 것을 볼 수 있다. 노래 한 곡이 끝날 즈음이면 표정도 한결 편안해진다. 때문에 음악 치료사로서 각 연령대의 아이들이 '지금 꽂힌 노래'를 알아 두는 건 최고의 필살기다. 헌데 그게 그렇게 어려운 일이 아닌 것이 연령별, 시즌별로 정답처럼 정해져 있는 곡들이 있다. 12월이 되면 단연코 "울면 안 돼"다. 먼저 이 노래를 시작하면 박자도 놓치지 않고 아이들의 추임새가 터져 나온다. "뚝!"

아이들이 좋아하니 이 시즌마다 부르기는 한다지만 참으로 맘에 들지 않는 캐럴이다. 내 아이들이 자라며 '산타 할아버지'를 인식하고 이 노래를 부르기 시작할 즈음의 기억이 생생하다. "이번 성탄절에 과연 산타 할아버지는 나에게 선물을 주실까?"를 매일 묻고 의심하고 노심초사하며 성탄절을 기다렸다. 그렇게 한 해 두 해를 지나고는 "과연 산타 할아버지가 있는 것인가? 유치원에 오신 산타 할아버지는 체육 선생님하고 목소리가 똑같다. 진짜 산타는 따로 있는 것인가?" 이런 질문들을 했었다. 이제는 '산타가 있든 없든 엄마 아빠가 선물이나 내놓으면 된다'는 식이지만 말이다. 어쨌든 아이들이 산타에 관한 질문을 해 올 때마다 적잖이 곤혹스러웠다. 성탄절의 의미를 제대로 가르치기 위해서 동심을 깰 것인가? 대략 이런 식의 답변을 했던 것 같다. "산타 할아버지가 있는지 없는지를 잘 모르겠는데, 확실한 건 원래부터 착하거나 원래 나쁜 아이는 없어. 너도 착할 때도 있고 그렇지 않을 때도 있잖아. (목소리 한 톤 낮춰서 얼버무리듯) 엄마도 그렇고……."

이 노래를 부르는 아이들은 지가 울기도 많이 울었을 뿐 아니라 짜증은 말할 것도 없고 심한 장난으로 선생님과 엄마를 어떻게 괴롭혔는지 너무 잘 알고 있다. 허나 선물은 받아야겠고, 산타 할아버지는 모든 것을 알고 계시고, 이 난감함에 마음 졸이느라 속이 아주 복잡한 것이다. '아, 몰라. 난 착한 애야. 그냥 착한 애로 쳐. 복잡하게 생각할 거 없어.' 헌데 복잡함은 잠깐, 내면 갈등과 상관없이 해마다 머리맡에 선물은 놓여 있으니까. 아이들 어릴 적에 유치원에서 하는 산타 잔치에 가서 여러 번 본 상황이다. 이름이 불린 아이는 (모든 것을 아시는) 산타 할아버지 앞에 서서 한두 마디 인터뷰를 당한다. "○○○ 엄마 말씀 잘 들었어요? 동생하고 안 싸웠어요?" 귀엽고 천진난만한 이 녀석은 완전히 얼음이 된 표정으로 그냥 "네, 네"라고 하다가 익살맞은 할아버지한테 놀림을 당하기도 한다. "어, 선물 못 주겠는데~" 긴장의 순간이다. 대략 '내년엔 착한 아이 될 것'을 약속하는 정도로 엄마를 통해 산타 할아버지께 은밀하게 전달된 선물을 받아 안는다. 어쨌든 착하지 않았지만 선물은 받게 되는 것이다.

아이들을 위한 동화를 다큐멘터리로 만들고 웃자고 하는 얘기에 죽자고 달려드는 모양 같긴 하지만 나는 이 지점에서 늘 불편했다. 매년 크리스마스에 반복되는 이런 일을 통해 아이들에게 자연스럽게 '자기기만'을 가르치게 되는 것 아닐까. 성격과 성품은 6세 이전에 거의 다

형성된다고 하는데 바로 그 시기에 "착하지 않지만 결국 대충 착한 걸로 뭉개고 있으면 선물을 받게 되어 있다. 그러니 양심에 찔리는 것이 있어도 착하자고 하자." 이런 경험의 반복으로 '있는 그대로의 나'를 보거나 인정하면 '선물'을 놓친다는 '자기 기만의 메커니즘'을 강화시키는 것이 될까 염려하는 것이다. 무엇보다 하나님의 아들을 주신 사랑, 성탄절의 그 사랑은 그야말로 받는 대상의 착하고 나쁨에 상관없이 주는 사랑이다. 그래서 '어메이징 그레이스'라고 하지 않던가? 우리의 행위 때문이 아니라 우리의 존재 그 자체 때문에 주시는 사랑이라는 것이다. 오물투성이 말 밥통에 누우신 아기 예수님께서 온몸으로 보여주신 사랑은 오물 덩이 같은 우리를 사랑하신다는 그것인데 고작 울었다고, 짜증냈다고 선물을 받지 못하는 것은 성탄의 정신과 정면 배치되는 것이 아닌가?

행위가 아니라 존재 때문에 사랑한다? 아이를 키우면서 아이의 행동이 아니라 존재로 사랑하기가 얼마나 힘든 것인지 아프도록 깨닫는다. 어렸을 때는 "엄마"도 아닌 "암마" 한 마디 했다고, 걸음마 한 걸음 뗐다고 그렇게 열광을 하면서 좋아하고 예뻐했더랬다. 아이가 클수록 엄마의 기준에 맞지 않으면 여지없이 실망감을 드러내고 분노하곤 한다. 하다못해 하루에 대한 기대로 행복해야 할 아침, 느릿느릿 등교 준비하는 아이를 못 참아 내고 피차에 마음이 상한 상태로 현관 밖으로 아이 등을 떠밀기도 한다. 우리는 두 번째 사랑(부모님, 배우자, 친구 등의 사랑)을 받았던 기억으로 하나님 사랑을 헤아려 보게 된다고 한다. 그래서 (머리 아닌 가슴에 남아 있는) 부모님상은 거의 우리 내면의 '하나님상'과

다르지 않다. 그런데 우리가 받은 두 번째 사랑은 얼마나 변덕이 심하고 일관되지 못한 사랑인지. 무엇보다 "울면 사탕 안 줄 거야. 한 번만 더 그러면 너는 엄마한테 혼나"와 같은 인과응보의 조건적 사랑인지 말이다.

> 예배 시간에 떠드는 아이
> 예수님이 뭐라 하실까
> 예배 시간에 장난꾸러기
> 예수님이 보시면 화 내실 거야
> 아니 아니 안 돼요
> 예수님이 화 내실 거야
> ……

교회 학교에서 부르던 이런 노래도 있다. 산타 할아버지와 하나님께 마음에 드는 아이가 되기 위해서 열심히 뭔가를 하는 우리는 어른이 되어서도 '원인과 결과'를 찾는 신앙에 매여 있는 것 같다. '내가 뭘 잘못했다고 이런 고난을 당하는가?' 아니면 '분명히 무슨 죄가 있으니까 저런 벌을 받는 걸 거야'라는 식으로. 하나님 사랑을 받기 위해서 따로 뭔가 할 일이 없다는 것, 착한 아이가 되기 위해서 잠잘 때나 일어날 때 짜증 날 때 장난칠 때마다 노심초사하지 않아도 된다는 것. 이런 '어메이징 그레이스'를 알아들어 가고 받아들여 가는 것이 신앙의 여정 아닐까.

몇 년 전 큰아이가 저학년일 때 어느 아침의 기억이다. 그날도 이 옷을 입네, 저 옷을 입네 하면서 옷 타박에 꾸물거리기까지 하다가 지각할 시간이 되었다. 윽박질러서 아이를 내보내곤 머리까지 찬 분노를 가라앉히고 있는데 투다다닥 아이가 다시 현관으로 들어오는 것이다. "엄마! 넘어졌어" 하며 가슴에 푹 파묻혀 우는데 순간 뭉클함이 충격적이기까지 했다. 불과 1, 2분 전 화난 얼굴로 자기 등을 떠밀었던 엄만데 넘어져서 슬퍼지자 바로 생각나 달려온 것이 엄마 품이라니. 미안하고 고맙고 사랑스러웠다. 그리고 가끔씩 마음이 헝클어져 엉망진창이 되어 기도조차 할 수 없을 때 내 품에 달려들던 아이를 생각한다. 아이가 거두절미하고 내 품에 달려들었듯 오물 덩이 같은 내 마음 그대로 그분의 품에 달려들어도 되겠다 싶으면서. 아이는 아이대로, 엄마는 엄마대로 울고 짜고 시기하고 미워하며 살아온 1년이다. '모든 것을 알고 계시는 (산타 할아버지 아닌) 예수님'이라고 생각하면 '선물'은커녕 벌이나 안 받으면 다행이겠지만 (산타 할아버지 아닌) 예수님은 말씀하신다. "허허허허허, 다 알아. 이 녀석들아. 그런데 내 선물은 그거하고 상관없다. 자, 선물이다. 나 자신을 온전히 줄게. 사랑한다, 이 녀석들아!"

이제는 잘 부르지 않지만 어릴 적에 부르던 이 성탄 노래는 '조건 없이 주는 선물'로 낮은 이 땅에 오신 그분과 너무 잘 어울리는 것 같다. 산골 가난한 오두막집 아이, 바닷가의 이름 모를 어부, 착하진 않지만 '주님 사랑하는 아이'에게 들려지는 선물 같은 사랑의 종소리 말이다.

탄일종이 땡땡땡 은은하게 들린다

저 깊고 깊은 산골 오막살이에도 탄일종이 울린다

탄일종이 땡땡땡 멀리멀리 퍼진다

저 바닷가에 사는 어부들에게도 탄일종이 울린다

탄일종이 땡땡땡 부드럽게 들린다

주 사랑하는 아이 복을 주시려고 탄일종이 울린다

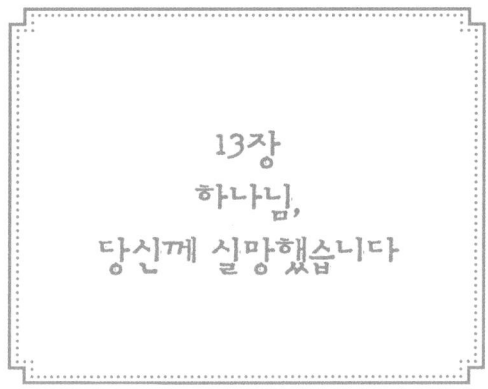

13장
하나님,
당신께 실망했습니다

　창가에 줄을 서 있는 화분들이 생기를 잃어 가고 있었다. (보이긴 보였다) 잎이 얇고 가느다란 예민한 녀석들의 어깨가 먼저 축 늘어지기 시작했다. (보이긴 보였다) 물 줄 때가 한참 지나서였다. (알긴 알았다) 그럼에도 그냥 지나치곤 했다. 신경이 안 쓰이는 것은 아니지만 몸을 움직여 물 한 번 주는 것이 되지 않았다. 방학을 맞아 하루 종일 집안에서 뒹구는 아이들이 말한다. "또 계란밥이야? 엄마, 엄마 요즘 왜 이리 맛있는 반찬을 안 해?" 그러고 보니 냉장고에서 밑반찬들이 동난 지 오래다. 시장을 봐야겠단 생각, 반찬을 좀 만들어야겠단 생각이 없지 않은데 역시 좀처럼 몸이 움직이질 않았다. 주부는 살림으로 말하는가? 몇 주 계속되는 마음의 무기력이 살림살이에서 그대로 드러나는구나.

　2012년 발(發) 실망감은 '새해'가 되어 새로운 희망으로 전환되지 않고 더 깊은 절망으로 치닫는 느낌이다. 강추위 속에서 들려오는 안타까운 죽음의 소식들에 무력한 나는 속수무책일 뿐이고, '죽음의 대기표'를 받아 든 분들이 줄을 서 있다니 더욱 헤어날 길 없는 절망의 대한민국 같다는 생각을 거둘 수 없다. 칼바람 맞으며 철탑 위에 선 생명들……, 아, 그런데 가까운 친척 오빠가 그 '죽음의 대기표'를 받아 든 분들 중에 한 명이었다. 노모와 가족들을 남겨 두고 스스로 세상을 등졌다. 너무도 덤덤하게 죽음을 준비하고 떠났다 하니 슬픔 이전에 한없이 작아지는 무력감이 엄습한다. 내면의 면역력이 한없이 약해진 상태에서 들어오는 관계에서의 태클들은 이내 깊은 상처가 되어 쓰라린다. 하다못해 우리 집 남매가 식탁에 마주앉아 투닥거리다 서로에게 조금이라도 날카로운 비난의 말을 꽂으면 참을 수 없는 분노가 올라오는 것이었다. 평소와 달리 과하게 야단을 맞은 아이들 표정이 어이없어 굳은 표정이 다시 아프다. 얼굴 마주하지 않는 SNS라고 사람을 향해 비아냥거리고 거기에 동의하며 박수를 쳐 대는 모습도 그냥 넘어가지질 않는다. '아, 좀! 모두 존귀한 생명들인데 서로 함부로 대하지들 좀 마!'라고 고래고래 소리라도 지르고 싶은 심정? 브레이크가 걸리지 않는 감정의 폭주는 결국 '사람이 싫다'는 끝 간 데 없는 깊은 환멸로 치닫는 것 같았다. 여기까지 다다른 마음 상태로 화분에 물도 주지 않고, 딱히 반찬도 만들지 않으면서 영혼의 혼수상태 같은 나날을 보냈다.

엄마 옆에서 뒹굴던 작은 아이가 불쑥 말을 걸어왔다. "엄마, 내가 아빠 허리 안 아프게 해 달라고 기도 많이 했는데 왜 낫지 않아? (맞다.

게다가 공들여 치료를 해도 남편 허리는 나을 줄 모른다). 난 솔직히 하나님이 기도 안 들어주시는 분 같아. 그리고 사실 (속닥속닥) 나는 하나님한테 실망한 적이 많아." 순간적으로 '랍비 본능'이 발동하면서 '어허, 하나님께 실망이라니! 하나님 그런 분 아니지'라고 하려다 다행히 잘 억누르고 "어, 진짜? 엄마도 그런데……" 하고 하이파이브를 했다. 이 이야기를 페이스북에 나누었다. 존경하는 목사님 한 분이 댓글로 "백배 공감"이라고 쓰셨다. 이 "백배 공감" 네 글자를 읽는 순간 갑자기 눈물이 왈칵 쏟아지는 것이었다. 그 순간 지난 몇 날 며칠의 무기력을 한 문장으로 정리할 수 있었다.

"하나님, 당신께 실망했습니다."

아들의 '실망감'에 내가 공감했고 그것에 백배 공감하신 목사님의 공감에 비로소 내 정직한 느낌이 나온 것이다. 〈레 미제라블〉(les miserables)의 사람들을 여전히 레 미제라블인 상태로 두시는 하나님, 레 미제라블의 사람들을 짓밟고 무시하는 사람들에게 자꾸만 승리를 안겨 주는 것 같은 하나님, 그들을 위해 품었던 마음의 기도를 외면하는 하나님, 시도 때도 없이 나를 찔러 대는 가시와도 같은 사람을 여전히 흥하게 두시는 하나님! 당신께 실망했습니다.'

고든 맥도널드 목사님 식으로 말하면 '함몰 웅덩이', 성 이그나티오스 님의 표현을 빌자면 '마음의 황폐함'(desolation)이라 할 수 있으며, 십자가의 성 요한 님까지 뫼셔 온다면 '영혼의 어두운 밤'이다. "하나님,

당신께 실망했습니다"라고 아들의 목소리를 빌어서가 아니라 내 가슴에서 울려 나오는 또렷한 말로 내뱉는 순간 그분의 부재가 온몸으로 느껴졌다. 그리고 다음은 깊은 곳에서 밀려 나오는 서러움 섞인 울컥함이었다. 부부 싸움 할 때마다 남편이 그렇게도 어이없어 하는 나의 '과장하기 언어 습관' 그대로 말하자면 "하나님 당신은 한 번도 제 기도를 들으신 적이 없어요. 당신이 가장 필요할 때 한 번도 함께 있다는 느낌을 준 적이 없어요. 정말 당신의 힘이 필요하다고 느끼는 그때 당신은 늘 침묵하셨어요." 이렇게 따져 묻는 순간 차라리 (그리 드라마틱하거나 감동적이진 않지만) 희미한 그분의 현존이 살아오는 것 같다. 사실 지난 메마른 몇 주간에도 기도조차 포기하진 않았었다. 먼지를 뒤집어쓰고 메말라 가는 화분이 있는 거실에 앉아서 고요한 시간을 가졌다. 방금 읽은 메시지의 어떤 구절을 반추하며 기도했고, 그날에 있을 일들에 대한 도움을 구했다. '왜 이리 힘이 없는지 모르겠다, 힘을 좀 달라'는 기도도 했다. 말은 매끈하지만 머리의 기도는 도통 가슴으로 내려오지 않았던 것이다. 돌이켜 보면 그런 기도의 순간 역시 하나님께 가닿지 않을 것 같은, 도통 그분의 숨결이라곤 느껴지지 않는 메마른 중얼거림이었다. 가슴으로 내려오지 않아 뻑뻑한 기도란 그런 의미에서 '하나님 부재의 느낌'이었다.

역설이다. 다르게 표현하면 신비다. "주님, 감사합니다. 새로운 하루를 맞이했습니다"로 시작하는 습관 같은 아침 기도 시간이 아니라 스마트폰으로 페이스북의 댓글을 읽다 벼락처럼 밀려든 하나님에 대한 실망감에 "주님, 실망이에요"라고 하면서 차오른 눈물이 마음을 적시는 단비 한 방울이 되었다. 이해되지 않는 현실을 서둘러 정리하여 감사하려 하지 않고, 모순 덩어리 같아 보이는 일상을 하나님 탓으로 돌리는 어리광 같은 투덜거림이 그분의 자비로운 품으로 빨리 달려가게 하는 원동력이 되었다. 아, 이런 경험은 사실 한두 번이 아니다. 내 앞에 놓인 고통 앞에서 단번에 그분의 뜻을 발견한 적이 있었던가. 하나님의 깊은 뜻을 다 이해하는 착한 딸 코스프레를 하는 동안 마음으로 그분의 뜻에 순종한 적이 있었던가 말이다. 착한 딸 노릇을 하다 하다 지쳐 저항하고 반항하는 그 지점에서 제 풀에 쓰러진 그때에야 비로소 차원이 다른 그분의 품을 느낄 수 있었다. 그렇다. 그분의 부재는 늘 처음 대하는 낯선 고통처럼 다가오지만 결국 그 진한 고아 같은 고독감은 그분을 느끼는 가장 빠른 길이었다. 나의 일상과, 세상이 내 힘으로 통제되지 않는다는 것을 새롭게 깨달을 때 그분이 힐끗 보이곤 했었다.

"하긴 그래요, 주님. 고작 내가 원하는 방식으로 돌아가는 세상이 딱 당신의 뜻이고, 그래서 제가 기원하는 것마다 딱딱 들어주신다면, 스케일이 저 정도밖에 안 되는 하나님을 제가 어찌 경외하고 신뢰할 수 있겠어요. 그렇겠네요. 섣부른 사과는 하지 않을래요. 제 수준이 여기까지인 건 주님이 더 잘 아시잖아요. 다만, 제 삶을 스스로 통제하지 못해 안달하는 이 못된 습관만큼은 다시 회개합니다. 딱 맞아떨어지는 명료함만을 추구하는 단순 무식함도요. 내게 일어나는 모든 일을 밝음과 어두움, 선과 악, 내 편과 네 편 둘 중 하나로만 규정하려는 '편협'이라는 지병이 도졌나 봐요. 이해되지 않는 삶의 모순과 역설들, 말하자면 당신이 부재한다고 느끼는 그 순간들을 더 담담히 살아 내는 마음의 힘을 제게 주세요. 다만, 그 모순과 역설들에 대해 끝없이 당신께 묻기는 할게요. 메마른 날에는 질문이라도 할 수 있다는 것이 제가 당신께 붙어 있음을 확인하는 유일한 방법같이 느껴지니까요."

 전에 누렸던 은총을 잊고 있을 때 "오늘의 흡족한 은혜"를 일깨워 준 것은 내 마음을 비춰 주는 일상의 작은 것들이다. 메말라 가는 화분이 온몸으로 보내는 신호, 이보다 더 정직할 수 없는 아이들의 입에서 나오는 불평 한 마디. 그분의 충만한 현존도 부재도 역시 내 육신의 삶 구석구석에서 드러난다. 솔직한 토크로 그분과의 벽을 다시 허물었지만 그렇다고 대번에 마음이 쾌청해지진 않는다. 다만 다시 그 작은 화분에 물을 주고 잎을 매만져 먼지를 닦아 줄 힘 정도는 생겼다. 아이들이 좋아하는 장조림을 만든다. 짭조름한 간장 냄새가 집안 가득 진동을 한다. 어쨌든 이렇게 주부의 일상은 회복되고 있다.

14장
육적인 인간,
영적인 커피에 상처받다

나는 집에서 커피를 볶고 핸드드립 하는 주부 겸 홈바리스타다. 가끔 남이 해 주는 밥 한 번 먹고 싶듯이, 남이 내려 주는 커피를 편안히 앉아 마시는 호사를 누리고 싶을 때가 있다.

입안에 작은 염증이 생겨서는 영 불편한 며칠을 보냈다. 보통 잠깐 버티면 낫곤 했는데 며칠이 지났는데도 통증은 더 심해져 밤잠을 이루지 못할 정도가 되었다. 아무래도 병원엘 가 봐야겠 싶었다. 병원에 들렀다가 '핑계 김에 남이 내려 주는 커피 한잔 마셔 보자' 하는 생각에 책도 한 권 챙겨서 집을 나섰다.

상처 부위를 후벼 파는 듯한 치료를 받고는 얼얼한 몸과 정신으로 카페를 찾았다. 교회에서 운영하는 집 근처 카페인데, 몇 번 갔다가 일찍 문을 닫거나 휴업인 날이라서 헛걸음만 했던 곳이다. 오매불망, 그리 바라던 곳이 커피 값까지 싸니 이래저래 위로받기에 딱 좋은 곳 아니겠

나. 게다가 이곳은 교회 카페! 오픈 시간은 10시로 되어 있고 내가 들어간 시간은 11시가 훨씬 넘었는데 막 청소기를 돌리고 있다. 입안에서 시작한 통증이 머리 전체를 압도하며 오는 두통 때문인지 청소기 소리가 유난히 거슬린다. '금방 끝나겠지' 하며 에스프레소 한 잔을 주문했다. 주문을 받으신 바리스타님 얼굴에 당황한 빛이 살짝 감돈다. 매뉴얼같이 생긴 것을 들여다보며 어설픈 손놀림으로 커피를 갈아서 에스프레소 기계에 넣더니 떡하니 머그컵을 갖다 대신다. 아~ 왠지 불안 불안. 다행히 자동 머신이라 적당한 시간 후에 기계는 멈췄다. 그리고는 우리의 바리스타 집사님은 커피를 내려 받은 머그컵 한 번, 아까 그 메뉴판 같은 것 한 번, 번갈아 보시다 "다 된 건가?" 하면서 날 보시네. "그런 거 같은데요"라고 했더니 바로 머그잔째로 나한테 내미는 것이다. "저…… 잔이…… 에스프레소 잔에 담아 주셔야……." "예? 아, 쪼그만 잔요? 어디 있는 것 같은데……." 이러시면서 싱크대를 막 뒤지시더니 결국 못 찾으시곤 "제가 오늘 처음이라서요."

결국 쟁반도 없이 커다란 머그잔 바닥에 깔린 에스프레소 커피를 들고 자리를 잡았다. 자리에 앉으니 열이 막 오르면서 입안 통증이 최고조에 이른다. 아까의 그 청소기는 계속 돌아가고, 그 사이 제대로 바리스타로 추정되는 분이 등장하셨다. 자원 봉사자로 추정되는 조금 전의 그 머그 에스프레소 바리스타님과 두 분이 에스프레소 잔에 관한 얘기를 하시는 걸 들었고, "따로 있지!"라고 하는 얘기도 들었다. 그러나 머그잔에 에스프레소 홀짝거리는 내게는 따로 관심이 없으신 듯하다. 여전히 청소기는 위이잉~.

자리를 박차고 일어났다. 일단 입안이 너무 아팠고, 돈 천 원에 커피 한잔 주고는 손님 대접도 안 해 주는 것에 빈정이 상했다. 물론 청소기 소리는 너무 시끄러웠고, 몸이 힘든 탓에 감정이 더 복받쳤을 것이다. 암튼 책이 한 줄도 읽히지 않았다. 다 마시지도 못한 에스프레소 담긴 머그컵을 두 분 앞에 조용히 갖다 놨다. '카페모카 만들기' 수업 중이신가 보다.
"그 위에다 계피 가루를……."
너무 열심히 배우고 가르치시는 관계로 어떤 한 여자가 삐쳐서 나가는 걸 알아보지 못하셨다. 싸고 맛있는 모닝커피 한잔 마시며 쉼을 얻으려던 여자가 아픈 육신에 서러움까지 안고 카페 밖으로 나가는 것을 말이다. 아주 의례적인 그런 인사, "감사합니다. 또 오세요" 이런 말 한 마디라도 들려왔으면 싶었는데 뒤통수에선 청소기 돌아가는 소리만 여전했다.

그대로 집으로 돌아올 순 없었다. 물론 집에는 나름의 스페셜 커피가 있지만 소비자가 되기로 결심한 날이 아니던가. 손님이라는 왕의 호사를 누리며 위로받자고 나선 걸음이 아니던가. 프랜차이즈 커피집으로 갔다. 들어서자마자 "어서 오세요. ○○ 도넛입니다" 하는 소리가 '땡그랑~ 땡그랑~' 맑은 종소리같이 울린다. 아, 이 존중받는 느낌! 주문을 하려는데 앞에 주문하시는 분이 패밀리 팩인지 뭔지, 20여 개의 도넛을 고르고 있었다. 어렵고도 어려운 도넛 이름을 긴장된 상태로 읽어 주문하느라 시간이 보통 걸리는 게 아니었다. 이미 삐뚤어진 정서 상태라 짜증이 밀려오기 시작했고, 내 차례가 됐을 때는 폭발 직전이 되었다. 이런 내게 다시 한 번 땡그랑 땡그랑, "오래 기다리시게 해서 죄송합니다" 하는 젊은 직원의 밝고 명랑한 소리. 폭발 장치가 바로 해제되었다. 커피와 도넛 하나 가격으로 4,100원을 치렀다. 4,100원, 아~ 너무 싸다. 내가 지금 산 친절과 여유와 신선한 커피의 가치는 41,000원이어도 족하다. 책이 줄줄줄 읽힌다. 이 카페의 땡그랑거리는 친절함이 내 주머니의 돈을 겨냥한 것임을 내 어찌 모르겠는가. 주문의 끝에 눈을 반짝이며 "더 필요한 건 없으시고요?" 마지막으로 묻는 말에 담긴 의미를 모르겠는가 말이다.

  입안에 생긴 작은 염증 하나로 철저하게 '몸을 입은 존재로서의 나'를 인식하게 되는 이런 날, 나는 일단은 물질적으로 배려받고 싶었던 것 같다. 어느 교계 신문에서 첫 번째 들어갔던 카페에 관한 기사를 본 적이 있다. "쉼과 휴식의 문화 공간…… 지역 사회에 봉사…… 선교의 새로운 패러다임……", 이런 용어들로 기억된다. 지역 사회를 섬기고 부담 없는 쉼과 휴식의 공간이 되어 주기 위해서 이 카페의 카운터에는 따로 계산기가 없다. 투명한 함이 하나 놓여 있어서 알아서 커피값 천 원을 넣으면 되는 것이다. '카페를 하는 우리는 당신의 돈 따위는 관심이 없습니다. 우리가 이렇게 싼 가격에 이만한 공간을 제공하는 것은 그리스도의 이름으로 지역 사회에 봉사하는 것입니다. 우리가 왜 이렇게 이윤도 남기지 않고 봉사를 하겠습니까. 바로 여러분의 영혼을 사랑하고 영혼을 겨냥하기 때문입니다. 돈이요? 그런 물질적이고 육적인 것에 우린 관심 없습니다. 우리가 조금 손해를 보고 운영을 하더라도 당신에게 복음을 전할 수 있다면, 그래서 당신의 영혼이 구원

받는다면 더 큰 기쁨이 없겠습니다.' 이런 메시지이리라. 선교의 새로운 패러다임이 보이는 듯하다.

아이러니한 일이다. 지역 사회를 섬기는 영적 카페의 바리스타님이 보지 못한 '사람'이, 동네에서 장사로 돈을 버는 육적 가게에서 직원에게는 매우 크게 보인 것이다. 지역 사회에 봉사하는 영적인 커피, 그 커피에 위로받지 못한 몸과 마음이 자본주의의 선봉에 서 있는 육적인 커피에 위로를 받다니 말이다. 진통제의 효과가 나타날 시점이었는지 커피 한잔을 다 마시고 자리에서 일어나려는데 입안의 통증이 거의 느껴지지 않을 정도로 미미해져 있었다. 이해심 없고 까칠한 육적인 인간이 영적인 커피에 상처받은 셈이다. 어쩌다 봉사하시는 분이 바뀌는 첫날 첫 손님으로 들어간 안 좋은 타이밍 탓일 수 있다. 하지만 어찌됐든 우선 사람이 사람으로 보여야 복음을 전할 수도, 영혼을 구원할 수도 있지 않겠나. 구령의 열정으로 '사람'이 '영혼'으로만 보여서야 어떻게 몸을 입고 오신 예수님 이야기를 건넬 수 있을까? 영광의 왕 보좌에 앉으신 그분께서 "내가 주릴 때에 너희가 먹을 것을 주었고 목마를 때에 마시게 하였고⋯⋯ 헐벗었을 때에 옷을 입혔다"(마 25:35, 36)라며 오른편 사람들을 칭찬하셨다. 그리고 그들에게 그분의 나라를 물려받으라 하셨다. 사심 없이 먹이고 입히고 목을 축이게 해 주는 일은 그를 구원받아야 할 '한 영혼'으로만 바라보아서는 할 수 없는 일이다. 그의 배고픔과 목마름을 알아채기 위해서는 그도 나도 일단은 사람이어야 하지 않겠나.

봄

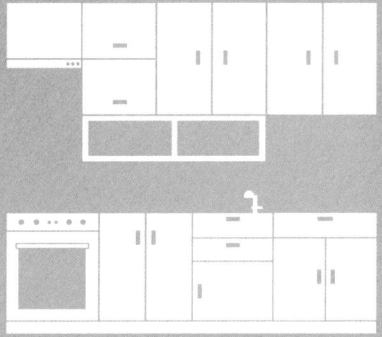

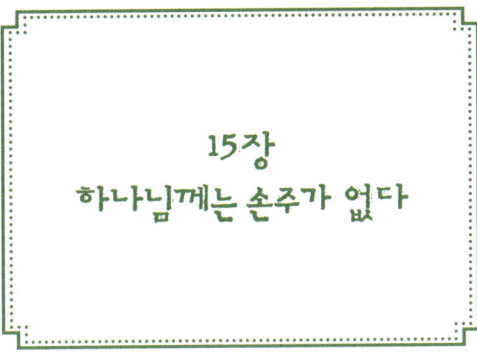

15장
하나님께는 손주가 없다

우리 집에는 가정 예배 대신 '패밀리 데이'(Family day)가 있다. 큰아이가 사춘기에 들어서고 엄마 아빠의 일하는 환경이 달라지면서 시들해지기도 했지만 우리 집 패밀리 데이는 이런 데이다. 엄마도 아빠도 아이들도 각자 해야만 하는 일과 좋아하는 일을 내려놓고 넷이서 가까이 마주 앉는다. 보통은 아빠의 기타 소리로 예배가 시작된다. 아빠가 기타를 뚱땅거리면 한 놈씩 달라붙어 신청곡을 외치고, 같이 부르고, 화음을 넣어서 부르고, 춤도 추고 하는 약간의 난리 부르스식 찬양 시간이다. 그러다 자연스럽게 나눔의 시간으로 이어진다. 가족들에게 불편한 마음(이건 거의 엄마 성토장이 되곤 하지만), 최근 걱정거리, 기도 제목 등을 나누고 함께 기도한다. 가끔은 촛불을 켜서 밝히고 우리 자신 안에, 우리 거실에, 세계에 충만하신 하나님의 임재를 의식하는 순서도 있다. 그러고는 2부 순서로 함께 보드 게임을 하거나 놀이를 한다. 그런데 패밀리 데이 하이라이트는 맨 마지막이다. 네 식구가 한 방에서 자는 것이다. 가위바위보를 해서 진 사람 중 꼴찌가 먼저 가장 좋은 자리를 선택하고, 1등으로 이긴 사람이 마지막 남은 잘 자리를 얻는다. 아이들은 일주일에 한 번 있는 이 날을 손꼽아 기다린다. 예배라 부르기엔 민망한 구석이 없지 않지만 어쨌든 이것이 우리 가정의 '예배 행위'다.

말하자면 '열린 예배'라 불러도 좋을 우리 집표 가정 예배는 나의 어릴 적 가정 예배에 대한 기억과 그에 대한 반작용의 선택인 것 같다. 어린 시절 나는 저녁마다 가정 예배를 드렸다. 단 수요일과 주일은 예배를 드리지 않았다. 이날은 엄마 아빠가 저녁 예배를 가시기 때문에 (동생과 둘이 집에 있으려면 조금 무섭기는 했지만) 가정 예배가 없었다. 그날이 얼마나 좋았던지. 저녁 먹고 텔레비전 시청에 불이 붙는 시간, 가장 재미있는 그 시간이면 "성경 찬송 갖고 와라. 예배 드리자" 하시는 부모님 중 한 분의 목소리. 그러면 여지없이 텔레비전을 꺼야 했다. 네 식구가 돌아가면서 예배 인도를 하는 터라 약간의 부담이 있는 인도자가 된 날을 제외하면(아니 그날도 별다를 것은 없다) 그 시간은 버티는 시간이었다. 예배 때마다 하루 한 장씩 성경을 읽는데 시편을 읽는 시즌은 어찌나 행복한지(그러나 119편을 읽어야 하는 날도 있으니 복불복이다). 그 지루한 시간은 부모님 몰래 동생과 장난을 치는 시간이었다. 어떻게든 부모님께 들키지 않고 동생을 자극해서 웃음보를 터지게 해 놓으면 예배 마치고 동생이 혼나는 걸 보게 된다. 텔레비전보다는 재미없지만 나름 스릴 있는 놀이였다. 어린 시절 가정 예배는 '어떻게 하면 빨리 끝날까?'와 '어떻게 하면 티 안 나게 동생 허파에 바람을 집어넣을까?' 두 가지 고민을 했던 기억으로 남아 있다.

'트라우마'까지는 아니어도 고통스러운 기억이다. 적어도 내게는 '가정 예배'라는 말이 좋게 들리지 않는다. 오히려 다소 폭력적으로 들리는 말이다. 주일에는 돈 십 원도 쓰면 안 되고, 목에 칼이 들어와도 주일 예배에 빠져서는 안 될 뿐 아니라 목사 딸이니까 무엇이든 일단 양보해야 한다는 부모님식 율법에 매인 자로 양육된 탓이다. 내게 있어 가정 예배는 그런 신앙 교육을 대표하고 상징한다. 청소년기가 되면서 나름대로 반항을 해 보기도 했지만 모태로부터 새겨진 율법이니 반항이 거셀수록 죄책감 또한 크게 자리 잡곤 했다. 신앙의 여정에서 내 안에 깊이 뿌리내린 바리새적인 종교성과 정면으로 맞닥뜨려야 했을 때, 암흑에 갇힌 것 같은 느낌이었다. 분명 '사랑의 하나님'으로 알고 고백하던 그분의 사랑을 가슴으로는 전혀 믿지 못하고 있음을 발견했을 때의 충격이라니. 가정 예배 시간에 눈 뜨고 장난치는 것을, 못마땅한 친구를 속으로 미워하는 것을 '불꽃 같은 눈'으로 지켜보는 분이 내 마음속 하나님이었다. 그 하나님의 마음에 들기 위해서 얼마나 애를 쓰며 주일을 성수하고 섬기며 살았는지.

그 모든 것의 혐의를 가정 예배로 대표되는 부모님의 신앙 교육에 덮어씌웠다. 그러니 '형식'이 강조된 예배에 대한 반작용으로 자연스레 형식을 무너뜨린 '열린' 예배를 선택하게 되었을 것이다. 마음에서 우러날 때 기쁨으로 자발적으로 참여하는 예배 말이다. 우리 아이들에

게 최소한 가정 예배를 좋아하고 기대하게 하려는 소기의 목적은 이
룬 것 같다. 아이들 입에서 "오늘 월요일인 거 알지? 오늘 패밀리 데이
야. 잊지 마" 하는 말이 나오곤 했으니까. 성경 이야기를 도덕의 옷을
입혀 들려주지 않으려 애썼고, 기도든 예배든 마음에서, 중심에서 나
오는 것만이 진짜라고 강조하고 있다. 가끔씩 아이들의 입에서 나오는
깊이 있는 신학적 질문과 고백들을 보면서 '역시 내 방법이 틀리지 않
았어', 혼자 조용히 뻐겨 보기도 한다. 그런데 얼마 전 나의 충천한 자
부심에 타격을 가하는 일이 발생했다. 서서히 아이돌 가수를 섬기기
시작한 큰아이가 텔레비전 가요 프로그램 생방송을 방청할 기회가 생
겼다. 그런데 그게 주일이었고, 하필 교회 학교 예배 시간과 겹쳤다. 아
이는 "엄마, 나 오전에 엄마랑 같이 예배 드리고 보러 갈 거야. 그래도
되지?"라고 한다. 당황했다. 비록 엄마 아버지의 율법주의적인 주일 성
수 교육에 넌더리를 내며 자랐지만 '율법주의'가 문제였지 '주일 성수'
가 문제라고 생각하지 않는다. 주일에 가요 프로그램을 보러 가겠단
다. 나로서는 상상도 못 해 본 선택을 하는 딸을 보며 갈팡질팡하는
내 모습이라니. 이렇게 저렇게 아이와 타협은 됐지만 '나는 엄마로서
정말 잘하고 있는 걸까?' 하는 의구심이 생기기 시작했다.

평생을 두고 엄마가 내게 가장 많이 하신 말씀은 "너, 하나님 두려
운 줄 알고 살아야 헌다"였다. 아무리 사랑의 하나님을 가슴으로 느껴
보려 해도 내 귀에 못이 박히도록 들어서 가슴과 몸에 새겨진 하나님
은 '두려운 하나님'이었다. 이것을 깨달았을 때 엄마에 대한 분노와 원
망은 주체할 수가 없었다. 결국 엄마를 용서하는 과정은 하나님의 사

랑을 새롭게 마음으로 느껴 가는 과정이 되었다. 그리고 어느 지점에선가 깨닫게 되었다. 그것은 나름대로 엄마가 나를 사랑한 방식이었음을. 무엇보다 내 젊은 날에 부모님께 받은 신앙 유산의 빛을 붙들고 의기양양하게 살아왔다면, 그 이면의 어두움을 보면서 더 깊은 신앙의 여정을 내딛게 되었던 것이다. 모조리 부정해 버리고 싶었던 내 안의 엄마식 신앙은 어떤 때는 빛으로, 다른 때는 그림자로 나를 자라게 하는 자양분이 되었다는 것을 조금씩 알아 간다. 그러니 더 크신 엄마인 하나님은 우리 엄마의 한계를 가지고도 나를 그나마 이 정도로 사람 만들어 놓으신 것이다.

아이들이 커 가면서 내가 그려 놓은 밑그림대로 되지 않는 것이 많다는 걸 알게 된다. 앞으로는 더 많아질 것이다. 주일 성수를 강요하지는 않지만 자발적으로 예배를 중요하게 여기는 아이로 커 줄 것을 기대했다. 주일 낀 일정으로 가는 수학 여행은 당연히 가지 않겠다고 선택했던 내 청소년 시절보다 더 좋은 선택이 나와야 한다고 믿었다. 나는 우리 엄마보다 더 세련된 신앙 교육을 하고 있으니까. 강압하는 방식이 아니라 자유롭게 하는 방식으로, 말이 아니라 삶으로 보여 주는 교육을 하고 있지 않은가. 그렇다면 내 아이는 율법의 목 조름이 아니라 자발적인 사랑의 선택으로 예배를, 이웃을 선택해야 하는 것 아닌가. 그러나 그것은 내 생각일 뿐.

생각해 보면 나는 '성경 먹이는 엄마', '매일 아이들과 앉아 큐티 하는 엄마'는 되기가 어렵다. 나의 기질 때문이고, 기질이라는 것에는 앞에서 말한 트라우마의 작용도 있을 것이다. 그러고 보면 나와 남편이 고안해 낸 '패밀리 데이'에는 우리 부부의 강점과 약점이 고스란히 녹아 있다. 그런 의미에선 우리 부모님이 선택하신 가정 예배와 크게 다르지 않은 것 같다. 우리 부부의 최선이 '패밀리 데이'라면 엄마 아버지의 최선은 '매일 정해진 시간에 드리는 가정 예배'였다. 내가 율법주의를 넘어 사랑의 하나님을 만나기까지 머나먼 여정을 걸어야 했던 것처럼 우리 아이들 역시 나름대로의 긴 신앙 여정을 가야 할 것이다. 그 여정에서는 엄마로서의 내가 가진 한계가 고스란히 드러날 것이다. 때로 아이들은 나의 양육 방식으로 인해 감사하고, 더 많은 날 고통스러워하며 하나님께 나아가야 할지도 모른다. 오래전 스캇 펙의 책을 읽으며 밑줄 그은 한 문장이 계시처럼 떠오른다. "하나님께는 손주가 없다." 엄마의 딸이며, 딸의 엄마로 중간에 끼어 무기력해지는 내게 위로가 되는 말이다. 내 신앙의 공로로 아이들의 큰 믿음을 담보할 수도, 내 불신앙으로 아이들의 연약한 믿음을 속단할 수도 없다. 내가 그분의 사랑스런 자녀인 것처럼 내 아이들 역시 눈에 넣어도 아프지 않을 그분의 딸이며 아들이기 때문이다.

"하나님께는 손주가 없다"는 이 말은 부모 된 나에게 위로와 더불어 거룩한 책임감으로 다가온다. 내 아이의 신앙, 인생을 내가 계획하고 통제할 수 없다. 그 아이들은 하나님 앞에서의 단독자다. 나 역시 그러하다. 내 가장 가까이에 있는 '그분의 자녀'인 두 아이 앞에서 나 역시 '그분의 자녀'로 사는 것이 내가 할 수 있는 최선의 삶일 터. 새털처럼 가벼운 책임감으로 오늘 저녁 오랜만에 패밀리 데이를 준비하자. 매일 내 인내심의 한계를 테스트하는 작은 형제자매님과 더불어 축제 같은 가정 예배를 드려 보자.

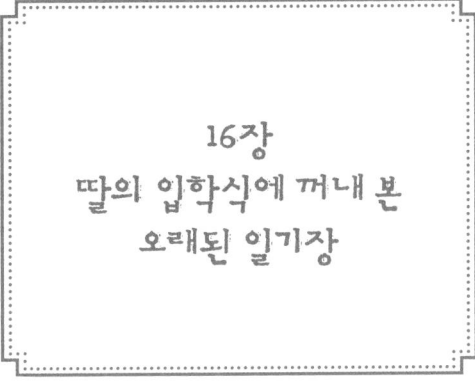

16장
딸의 입학식에 꺼내 본
오래된 일기장

바야흐로 입학의 계절이다. 아이 엄마들이 주 사용자인 스마트폰 전용 SNS에선 하루 종일 아이 입학식 사진, 교복 입은 아이 사진이 올라왔다. 어린이집 보내는 첫날, 엄마 안 떨어지겠다고 우는 아이를 스쿨버스에 태워 보내고는 집에서 아무것도 손에 안 잡힌다는 사연, 교복 입은 아이의 자태를 보면서 자신의 중학교 입학식 사진을 꺼내 봤다는 감회에 젖은 이야기. 설레고, 두렵고, 불안하고, 기대되는 감정들이 흘러넘친다. 다르기도 하고 비슷하기도 한 '입학식 사연'의 주인공은 사진 속 '아이들'이 아니라 '엄마들'이 아닌가 싶다. 흘러넘치는 감정들 역시 아이들을 향하는 것 같지만 엄마들 가슴 속에 고인 것들이리라. 라디오의 아침 방송에서 아이의 입학을 축하해 달라며 사연을 보낸 엄마의 멘트가 이렇다. "입학식 마치고 첫 등교예요. 정작 아이는 담담한데 제가 왜 이렇게 떨릴까요?" 내 말이 그 말이다. 중학교에 입학한 큰아이가 헐렁한 교복을 입고 등교하는 뒷모습을 바라보는데 시린 바람 한 줄기가 마음을 훑는 느낌이다. "잘 갔다 와. 엄마가 기도할게. 파이팅. 넌 잘 할 수 있어." 말로, 문자 메시지로 했던 말을 하고 또 하고 그런다. "알았어, 엄마. 나 괜찮아"라는 아이의 말은 잘 안 들리고 그늘진 표정만 읽어 내려는 집요함이라니.

대학 입학을 과녁으로 삼는 교육 현실에서 중·고등학교 생활이 무엇인지를 알기에 지레 짐을 지는 탓일 것이다. 우리 아이만큼은 성적으로 줄 세우지 않겠노라 다짐하고 다짐하건만 일말의 초조함조차 없는 건 아니다. 대한민국 교육이 진보하기 위해서 넘어야 할 가장 큰 산이 '옆집 엄마'라고. "애 수학 학원은 어디 보내요? 영어는요?" 이렇게 묻는 친구 엄마들의 질문에 지체 없이 "학원 안 다녀요"라고 답했지만 순간 흔들리는 눈동자를 들키진 않았는지 모르겠다. "엄마는 엄마 딸이니까 그렇게 말하지. 학교에선 공부로만 애들을 보는데 공부 못하면 끝인 거지 뭐" 하는 아이의 말처럼 부모의 소신이 어떠하든지 그 '줄 세우기 놀음'을 온몸으로 버텨 내야 하는 것은 아이 몫이다. 새 교과서가 가득 들어 돌덩이처럼 무거운 책가방을 잠시 들어 줄 수는 있지만 결코 함께 나눌 수 없는 아이만의 고독한 짐들이 더 많아질 것임을 알기에 말이다. 무력감 같은 것인가 보다. 이 흘러넘치는 감정의 주성분은.

아니 그것이 전부가 아닌 듯하다. 낯선 학교, 낯선 선생님과 친구들 사이에서 긴장된 표정으로 어깨를 웅크린 아이의 모습에서 얼핏 '나'를 본 것 같다. 내 마음속 캄캄한 지하실에 있는 어린 나. 전학 간 학교에서 첫 수업을 마치고 쉬는 시간, 긴장하여 얼음처럼 앉아 있는 어깨가 굽은 여중생인 나다. 전학생이라고 인사하고 나서 바로 시작된 수업이 영어였다. 가장 좋아하는 과목이고 좋아하는 만큼 성적도 좋았었다. 안경 너머로 보이는 눈빛이 차갑디 차가운 선생님이 들어와서는 바로 숙제 검사를 한다고 했다. 아이들 전체가 한 목소리로 묻고 대답하는 어떤 구문을 달달 외우는 것으로 숙제 검사가 진행되었다. 전에 다니던 학교보다 진도가 빨라서 아직 배우지 못한 곳이라 어버버버 하는 나를 선생님은 딱 집어내서 앞으로 불러냈다. 앞으로 나가자마자 "전학 왔어요"라는 말을 채 꺼낼 시간도 없이 한쪽 뺨에 불이 붙는 것같이 화끈했고, 교실 문 쪽으로 몸이 나가떨어졌다. 그 다음은 기억이 나질 않는다(라고 말하는 것이 좋을 것 같다). 반 아이들이 사정을 밝혔을 것이고 선생님이 당황은 했겠지만 사과라든지 민망함의 표현조차도 했던 것 같지는 않다. 이 일에는 더 비극적인 배경이 있다. 전학생이었던 나는 그로부터 몇 개월 전에 아버지를 잃었고, 그로 인해서 고향을 떠나왔다. 목사의 늦둥이 딸로 온갖 사랑을 한 몸에 받았던 시골 작은 교회, 일일이 아이들 이름을 불러 주던 학교 선생님과 친구들이 있는 곳이 바로 그 고향이었다. 게다가 그즈음 막 사춘기에 들어서서 정신마저 고향을 잃은 질풍노도의 시절이었다. 중·고등학교 시절을 통틀어 생각해 보면 좋은 선생님도 만났고 인생 최고의 친구도 만났으며 즐겁고 행복한 기억도 수두룩하다. 그럼에도 첫 번째로 떠오르는 저 날, 날짜도 잊히지 않는 날의 5교시 수업 시간이라니.

    그때부터 일기를 썼다. 그렇게도 무섭고 가기 싫은 학교를 혼자 가야 했던 시절에 벗이 되어 준 것이 일기 쓰기였다. 식구들이 다 잠들고 나면 풀던 수학 문제집을 덮고 일기장을 꺼내 끝없는 말을 쏟아 내곤 했다. 멀리 있는 고향의 친구들에게 지절거리듯, 천국에 계신 아버지에겐 볼멘소리로 툴툴거리듯, 밤마다 긴 일기를 썼다. 총각 선생님을 향한 짝사랑의 가슴앓이, 다른 교회와 연합 수련회를 갔다 온 후 며칠간의 수련회앓이, 성격도 얼굴도 다 돼서 인기가 좋은 친구를 향한 부러움앓이……. 사춘기 아이가 앓는 모든 지병의 증상이 빼곡하게 적힌 노트가 한 권 두 권 쌓여 갔다. 그리고 대학생이 되어서도, 사회에 나와서도 온갖 인생의 앓이를 기록하는 손 일기 쓰기는 계속되었다. 사춘기 여학생의 일기는 세월이 지나 신혼 일기가 되었고, 육아 일기가 되었고, 이제 중학생 엄마의 일기가 되었다. 중학생 엄마는 그 시절 엄마 나이가 된 딸을 걱정하며 또 일기를 끄적거린다. 30년이 넘은 일기 쓰기 세월이다.

수십 년의 일기 쓰기는 어느 해 6월의 5교시 영어 수업 후 꽁꽁 얼어붙은 몸과 마음을 녹여내는 시간이었는지 모르겠다. 일기를 쓰면서 유치하도록 정직하게 내 감정을 만나고 생각을 수정해 가는 과정이 없었다면 그날 이후로 나의 어느 부분은 더 땡땡 얼어 버리지 않았을까? 아니 꼭 그날이 아니라도 대입을 최종 목표로 하고 성적으로 줄 세워져 그 줄 안에서만 운신하는 것이 허용된 것 같은 중·고등학교 시절. 아무도 모르게 줄 밖으로 빠져나와 나를 만나는 유일한 시간이 꼬물꼬물 일기를 써 내려가는 시간이었는지도 모른다. 딸아이에게 이 이야기를 들려 주었다. 낯설고 넓은 세상에 혼자 서 있는 느낌을 끄집어내 얘기해 주니 '막막함'에 공감하는 것 같았다. 그러고는 며칠 굳어 있던 얼굴이 녹는 듯 일그러지며 눈가에 방울방울 눈물이 맺힌다. "엄마는 어떻게 했어?" 하는 질문에 일기 이야기로 설교 한 편을 풀어냈다. 듣는 동안 "헐, 헐……"을 몇 번 외치더니 "엄마 대박이다. 그래서 결국 엄마가 책도 내고 글을 쓰게 됐구나." 그런가 보다. 30여 년 일기 쓰기는 오늘의 나를 이런 자리에 있게 만들었구나. 표정이 사뭇 진지해진 아이에게 중학교 입학 선물로 예쁜 노트를 하나 사 줘야지 결심했다. 쓰거나 안 쓰거나, 엄마처럼 오래도록 쓰거나 그러지 않거나 하는 것은 제 마음이겠지만. 딸아이도 그렇게 일기를 쓰면서 자신을 만나고, 이해할 수 없는 인생의 미궁에 빠졌을 때 정직한 질문을 던지고, 시간이 지나면서 그 질문이 궁극적으로 어디를 향한다는 것을 깨달으며 자라 갔으면 좋겠다. 그리고 그 질문에 답을 줄 유일한 존재를 영혼으로 만날 수 있다면. 두려움과 고독감이 짙을수록 잘 견뎌 내기만 하면 더 견고한 인격이 된다는 것을 삶으로 기록하는 딸이 된다면.

참고서를 사러 서점에 갔던 아이가 뛰어 들어오며 "엄마, 나 뭘 샀는지 알아? 이거 봐라" 하면서 자잘한 꽃무늬 바탕의 스프링 노트를 꺼낸다. "나 이제부터 비밀 일기 쓰려고. 이제 선생님한테 검사받는 것도 아니니까 정말 솔직한 일기를 쓸 거야. 엄마, 이제부터 내 일기 훔쳐보면 안 돼" 한다. '그래. 써라. 너의 이야기를 써. 세상이 아무리 능력으로 줄을 세우고 앞줄에 서야만 행복해질 거라며 옥죈다 해도 너만의 이야기를 가지게 되면 그 줄이 널 묶지 못해.'

아침 설거지를 마치고 방을 치우러 들어가니 침대 위에 꽃무늬 노트가 놓여 있다. 본능적으로 손을 뻗었는데 순간의 유혹을 극복하고 책상 위에 옮겨 놓기만 했다. 혼자 걷겠노라는 길에 숨겨 놓은 비밀을 함부로 들추면 안 되겠지. 소박한 꽃무늬가 간질간질 사랑스럽다. 아이의 비밀 일기를 훔쳐보는 대신 내 마음속 아이가 썼던 그 낡은 일기장들을 꺼내서 들춰 봐야겠다. 오랜만에 그 유치찬란한 문장들 속 단발머리 여중생을 만나러 가 봐야겠다.

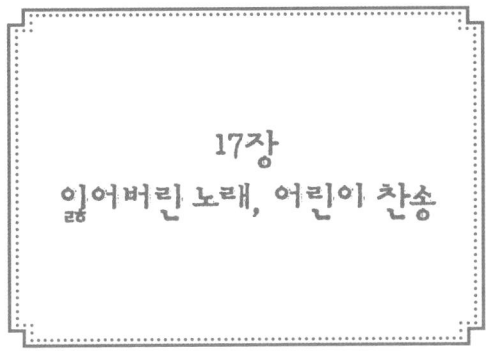

17장
잃어버린 노래, 어린이 찬송

목 빼고 기다리던 봄이 저기 어디 오고 있다기에 맘먹고 마중을 나갔다. 집 근처 한강변 산책길로 나가니 햇살이 다사로운 것이 이 길이 봄이 오는 그 길이구나 싶다. 한참을 걷다 보니 다사로운 햇볕에 겨우내 얼었던 몸이 녹는 듯 몸이 노곤해졌다. 어디 아지랑이라도 피어오르지 않을까 싶어 고개를 돌려 멀리 강의 수면을 바라봤다. 느닷없이 가슴속에서 노래 한 자락이 툭 튀어나온다. '맑은 물은 졸졸졸 멧새는 쫑쫑…….' 이게 무슨 노래더라? 스마트폰을 꺼내 검색을 했다.

> 연못가에 자라는 한 송이 백합
> 천사 같은 흰옷을 입고 싶어서
> 맑은 샘물 거울에 몸을 비치며
> 푸른 하늘 우러러 기도합니다

아, 어린이 찬송가 "연못가에 자라는"이닷! 마주 걸어오는 사람들에게 들키지 않게, 그러나 그리 작지 않은 목소리로 노래를 불렀다. "높고 높은 하늘에 따뜻한 사랑, 포근포근 구름에 은혜로운 비, 백합처럼 우리도 기도하오니, 예쁜 웃음 봉오리 피게 하소서." 한참을 걸어서 따땃해진 등의 온기가 마치 하나님 사랑 같다. 높고 높은 하늘에서부터 여기로 이어지는 봄 같은 사랑 말이다. 어쩌다 이 찬송가가 튀어나왔을까? 한참을 부르다 보니 노래가 또 다른 노래를 불러온다. "사랑으로 우리를 길러 주시는 고마우신 하나님 우리 하나님, 예배하는 한 시간 기쁜 맘으로 작은 입술 벌려서 찬송합니다." 교회 학교 예배를 시작할 때마다 불렀던 이 찬송. 이 찬송의 3절을 부를 땐 주황색 페인트칠을 한 교회의 창문으로 밝은 햇빛이 쏟아지듯 했었다. 정말 그랬었는지 어쨌는지 어쨌든 기억 속의 장면은 그렇게 남아 있다.

    밝은 햇빛 주시는 우리 하나님 내 마음도 환하게 비춰 주시사
    착한 마음 가지고 살아가도록 작은 두 손 모아서 기도합니다

눈부시도록 밝은 햇빛이 내 몸을 비추듯 내 맘도 환하게 비춰 줬으면. 그래서 먼지를 뒤집어쓰고 쌓여 있는 온갖 분노, 풀지 않은 원통함, 시기심 같은 것들을 드러내고 녹여 주었으면. 저 아이처럼 매일매일 착한 마음으로 살고 싶다. 줄줄 또 노래가 딸려 나온다. "아이야 나는 너를 사랑하노라." 맨 처음 시작이 뭐였더라? 뭐였지? "샛별 같은 두 눈……, 아, 샛별 같은 두 눈, 꽃잎 같은 입술." 어릴 적부터 노래 가사를 참 잘 외웠다. 찬송가가 개편되기 전에는 웬만한 찬송가의 장수

는 물론, 4절까지의 가사를 다 외워 부를 수 있었다. 어릴 적 불렀던 동요, 찬송가, 한창 때 부르던 가요까지 내 속에 노래가 무궁무진하다. 이 많은 노래는 다 어디에 쟁여져 있는 것일까? 나는 왜 이렇게 노래를 좋아하지?

> 샛별 같은 두 눈을 사르르 감고 주님의 이름을 부르노라면
> 우리 주님 마음에 대답하는 말 아이야 나는 너를 사랑하노라
> 꽃잎 같은 입술을 가만히 열고 주님의 말씀을 읽고 있으면
> 우리 주님 마음에 하시는 말씀 아이야 너는 나의 일꾼이 되라

 이 찬송은 꼭 '아이야'부터 생각이 난다. 갑자기 음정이 폴짝 뛰는 것이 강한 인상을 남긴 걸까? 단지 음정이 뛸 뿐 아니라 여기에 강조점이 붙은 찬송이기 때문일까? "아이야 나는 너를 사랑하노라." 그야말로 꽃잎 같은 입술로 많이도 부른 찬송이지만 어릴 적엔 가사를 생각하며 부르진 않았다. 가사를 생각했을 수도 있지만 가사 전체를 통합적으로 묵상하진 못했을 것이다. 그럼에도 앞뒤 자르고 또렷한 기억으로 남은 한 소절 '아이야 나는 너를 사랑하노라'는 어릴 적 그때부터 내 영혼의 귀에 딱지로 앉아 버린 것은 아닐까 싶다.

 늘 나의 부족함에 매여서 나를 탓하고 비난하는 목소리가 오르락내리락한다. '오르락' 하고는 쉽게 '내리락' 하지 않아서 고된 날들이 있다. 어느새 참소하는 자의 목소리까지 비집고 들어와 나 자신을 회생 불가능한 인간으로 만들려 한다. '그래, 나는 원래 나쁜 사람이었지. 따돌림 당해 마땅하고, 거절 당해 마땅한 인간이었지.' 쐐기를 박으려

는 순간 희미하게 들리는 소리, 마지막 포기의 순간마다 들리는 소리. '아이야, 나는 너를 사랑하노라. 아이야 나는 너를 사랑하노라.' 어릴 적 부른 노래와 더불어 그분의 목소리가 내 마음 어딘가에 살아 있음이 분명하다. 맞다. 나의 가치는 '내'가 아니라 '그분의 사랑'에 근거하는 것이다. 그러고 보면 몸은 어른이고, 몸의 나이는 중년의 고개를 넘어가고 있지만 나는 아직 아이다. 아니, 그분 앞에서 영원히 아이여야 한다. 또 다른 노래 일발 장전이다.

> 우리들은 철없는 어린이지만 곱고 맑은 마음에 믿음 주소서
> 벳새다 들녘에서 보리떡 바친 그 아이 믿음 갖고 살게 하소서
> 때때로 싸움하는 어린이지만 우리 어린 마음에 사랑 주소서
> 원수를 사랑하신 예수님같이 큰 사랑 가지고서 살게 하소서
> 한 시간도 못 참는 어린이지만 내일을 바라는 소망 주소서
> 가나안 복지 향해 광야를 가는 큰 소망 가지고서 살게 하소서

"벳스드으 들늑에스 브리뜩 브친……" 다리 아래쪽으로 들어가니 운동 기구에 매달린 사람들이 많다. 그래도 노래를 멈출 수가 없어서 밖으로 새어 나오지 않게 여전히 흥얼거리며 걷는다. "그 으이 미듬 그 끄 슬게 흐스스." 손잡이가 닿지도 않는 운동 기구에 매달려 운동을 하겠다고 끙끙거리는 너덧 살의 귀여운 아이에게서 눈을 뗄 수가 없다. 내게도 다시 이런 마음이 있어야 한다. 철딱서니 없는 마음이지만 보리떡 바친 그 아이 믿음 정도는 가지게 해 주세요. 걸핏하면 싸우고 탓하는 좁아터진 마음이라도 언젠가는 예수님의 사랑, 담을 수 있

겠지요. 그렇게 친하게 지내다가도 한 번 싸웠다고 '다시는 너랑 말 안 할 거야' 하면서 돌아서는 마음이지만 원수를 사랑하신 예수님 닮을 수 있을 거예요. 갖고 싶은 것 생기면 '당장 사 내라'고 엄마를 조르고 바닥에 뒹굴고 하는 아이지만 때론 메마른 광야를 담담히 걸어가는 소망의 사람이 될 수 있기를요.

'어린아이와 같지 아니하면 천국에 갈 수 없다'는 말씀은 저들의 다른 속성이 아니라 철저하게 부모 의존적이라는 속성, 그것 때문이 아닐까? '미운 다섯 살, 죽이고픈 일곱 살'이라는데……, 설마 떼쟁이 고집불통이 되어야 천국에 갈 수 있다는 말씀은 아니겠지. 철없고, 어리고, 약하고, 보잘것없어서 엄마 아빠 손을 의지해야만 하는 무력한 존재로 하늘 아버지 앞에 서고 싶다. 아니, 안기고 싶다. 내 손으로 뭔가를 짓고, 이루고, 쌓는 유능한 어른임을 자처하지 않고 여전히 나는 무력한, 그분의 말랑말랑한 아기이고 싶다.

> 고무신 신고 아장아장 느린 걸음 걸을지라도
> 해바라기 해 따라가듯 나도 예수님 따라갈 테야

말보다 노래를 먼저 불렀다는 아기 적 내가 처음 부른 노래다. 내가 불렀던 기억보다 '네가 이 노래를 불렀다'고 어른들이 말씀해 주셨기에 그렇게 알고 있다. 어찌 됐든 내 생애 첫 노래임은 분명하다. 그때나 지금이나 막 걸음마를 배운 것처럼 예수님 따라가는 길이 아슬아슬하고 가끔은 넘어져서 코가 깨지기도 한다. 그러나 그 느린 걸음의 방향

만큼은 헛갈리지 않기를. 해바라기가 해를 바라듯 그렇게 지향점만은 명료했으면 좋겠다.

　봄을 맞이하러 나갔더니 강변에는 봄이 아니라 봄을 작사, 작곡하신 분의 마음이 먼저 와 있었다. 높고 높은 하늘에 계시던 따스한 사랑이 봄의 온기로 내려와 가장 낮은 곳에서 언 땅을 녹이고 있다. 그 따스한 사랑이 내 마음 깊은 곳을 녹여 잠자고 있던 사랑 노래를 일깨웠다. 맑고 고운 노래가 터져 나와 내 영혼까지 봄날이 되었다.

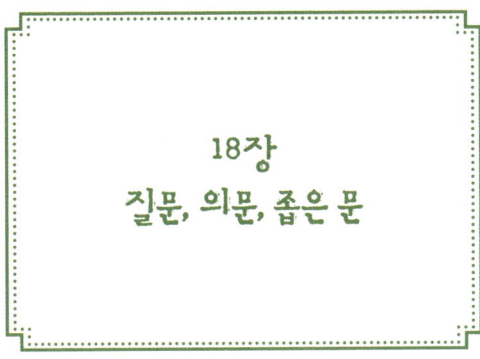

18장
질문, 의문, 좁은 문

청년들을 만나서 진로·연애·신앙 등의 고민을 듣는 일이 많다. 꼭 고민 상담이 아니더라도 청년들과의 만남이 내겐 흔한 일상이다. 어떨 땐 내내 하릴없는 농담을 하며 웃기도 하고 그러다 때론 함께 울기도 한다. 초등학교 때부터 만나 청년이 되도록 함께하는 친구가 있는가 하면, 생전 처음 만나서 깊은 이야기를 듣게 되는 경우도 있다. 얼굴을 마주하기도 하고 이메일로 대화하기도 한다. 가끔은 강의를 통해서 한꺼번에 많은 청년을 만나는 일도 있다. 강사나 상담사가 되어 이들을 돕는 것같이 보이지만 실상 이 만남을 통해 유익을 얻는 것은 나 자신이다. 그들이 던지는 '질문'은 나를 성장시키는 보물이다. 청년들이 "사모님, 그런데요" 하면서 던지는 질문에 답하고 함께 고민하는 것 자체가 말이다. 그렇게 고민하며 글을 쓰다가 내 이름으로 된 책을 내는 행운까지 얻게 되었으니 보물이 아니고 무엇이랴. '상담'보다는 '의

논'이나 '대화'라 이름하는 것이 더 적절할 듯한 청년들과의 만남은 어찌 됐든 질문으로 시작한다.

가끔 끝없는 질문을 쏟아 내는 친구들을 만날 때가 있다. 깨알 같은 질문이 또 다른 질문을 끌고 나와 통화든 SNS 채팅이든 끊어질 줄을 모른다. 다년간의 경험으로 이런 친구들의 질문은 답을 향해 있는 것이 아님을 알고 있다. 연애든 진로든 관계 문제든 끝없이 나오는 질문의 출처는 그 친구 안의 불안과 두려움이다. 질문을 하고 답변하는 것을 통해서 두려움과 직면하기를 유보하고 회피하려는 것임을 느낄 수 있다. 아무리 위로하고 답을 입에 넣어 줘도 그 친구의 일렁이는 마음은 잔잔해지지 않을 거라 확신이 드는 지점이 있다. "답은 이미 네 안에 있어. 잘 생각해 봐"라고 대화를 끝낼 수밖에 없다. 그때 힘없이 인사하는 목소리에서, 휴대폰 화면의 이모티콘 너머에서 안절부절못하는 그 또는 그녀가 보이는 듯하다.

청년들은 독재로 끌고 가야 좋아해요

남편이 청년부를 처음 맡아 섬기게 되었을 때 먼저 청년부를 경험한 동료 목회자들에게서 들은 농담 같은 조언이 있다. "애들은 막 다뤄 줘야 해요. 막 밟아 주고 독재로 끌고 가야 청년들이 좋아해요." 그 얘길 들을 때는 어이없어 웃고 말았지만 얼마 지나지 않아 과연 그렇다는 것을 알게 되었다. 모두 그런 것은 아니지만 많은 청년들은 자신들에게 뭘 묻지 말고, 그냥 목회자 스타일대로, 일방적으로 끌고 가 주기를 원했다. 다른 곳도 아니고 교회에서 하나님 말씀을 대언하시는 분이니 강하게 끌고 가는 것이 지당하다는 것이다. 그리고 자신들의 선택은 순종이라며 강하게 다뤄지기를 원했다. 이것이 대체로 믿음 좋은 청년들의 준비된 자세였다. 거침없이 인격을 비하하는 독설은 오히려 설교자의 카리스마로 해석되고 그 강력한 말씀에는 회개로 반응하면 된다는 것이다. 폭풍 성장 시대를 풍미하던 부흥 강사들과 우리 어머니들 세대 이야기가 아니다.

끊임없는 질문으로 내면의 두려움을 회피하는 것이나 인격 모독을 당하더라도 강력한 카리스마에 끌려 확실하고 안전한 길을 가겠다는 것이나 별반 다르지 않은 것 같다. 자신 안에 있는 힘을 믿지 못한다는 점에서 그렇다. 자신 안의 힘이라 함은 스스로 생각하고 결정을 내리고 그에 따라 확신 있게 행동하는 힘을 말한다. 홀로 자기만의 길을 찾아 걷는다는 것은 참으로 고통스러운 일이다. 그러니 설령 자신 안에 힘이 있다 하더라도 고통스럽게 그 힘을 행사하느니 없는 듯 사는 것이 편하다 여길 수도 있다. 그저 누군가 "이 길이 그 길이다"라고 말해 준다면 얼마나 좋겠는가. 게다가 그 누군가가 권위를 가진, 특별히 종교적 권위를 가진 이라면 이보다 더 안전할 수는 없다. 이 때문에 스타 설교자, 스타 강사가 나오는 것 아닐까. 귀에 쏙쏙 들어오는 말로 내 복잡한 고민을 한마디로 진단하고 한 방에 해결해 주는 것 같은 명설교나 명강의, 얼마나 좋은가. 이것들을 '공유'하고 '리트윗'하면서 마치 처음부터 내 것이었던 양 붙든다. 그리고 거기에 기대어 편하게 묻어가자는 욕망이 스타 설교자나 스타 강사를 재생산해 내는 것은 아닐까.

명쾌한 답을 주는 설교나 강의 자체가 문제는 아닐 것이다. 거기에 기대어, 홀로 해야만 하는 고민을 멈추고 더는 질문하지 않으려는 게으른 팬덤이 문제라면 문제일 것이다. 그것은 게으름이며 동시에 비겁함이다. 지극히 단순화되어 닫혀 있는 답에 자신의 문제를 꿰맞추는 것으로 고민의 끝을 보려는 게으름이다. 기성복에 몸을 맞추듯 대충 꿰맞춰 얻은 답으로 진정한 변화를 기대하기는 어렵다. 쉽게 손에 넣은 진리는 갖다 버리기도 쉽다. 답을 찾았다고 무릎을 치며 감동한다 한들 자기 것으로 만드는 고통스러운 과정 없이 변화란 없다. 변하지 않는 자신의 삶에 대해서 책임지지 않는 비겁함 또한 쉽게 얻은 답에서 기인한다. '원래 내 생각은 아니었어. 지금 무슨 문제로 구설에 오른 그 스타 강사가 한참 잘 나갈 때 했던 말이지.' 스타 설교자, 스타 강사에 열광하며 스스로 판단력을 이양하는 심리에는 이런 게으름과 비겁함이 도사리고 있는 것 같다. 의문을 오래 품고 묵히는 고통스러운 과정을 회피하려는 것이다.

은혜를 가장한 비상식, 순종을 자처한 게으름

이것은 일부 심약한 청년들만의 이야기가 아니다. 직장에서는 그렇게도 날카롭게 벼리고 쓰는 판단력과 이성을 교회 제직회에서는 꺼낼 생각조차 않으시는 장로님께도, 남편과 싸울 때는 그렇게나 깨알같이 따지고 드는 집요함을 목사님 설교를 들을 때는 다 내려놓는 집사님께도 게으름과 비겁함의 냄새가 난다. 목사님과 관련된 일이라면 아무리 상식과 어긋나더라도 '목사님이 다 생각이 있으시겠지' 하며 넘어가 주는 일들이 얼마나 많은지. 죄악이 관영하고 타락했다는 세상에서조차 용납되지 않는 일들이 교회 안의 목사님께 일어났다 하면 다 이해되고 그럴 만한 이유가 있을 거라는 '은혜를 가장한 비상식'은 이미 교회 안의 상식이다. 이 '은혜' 논리가 모든 사람, 그러니까 직장 동료나 부하 직원에게도, 남편에게도 동일하게 적용될 수 있는 너그러움이라면 또 모르겠다. '목사님'과 관련된 것이라면 성범죄도 거짓도 일단은 닥치고 덮어 둬야 한다는 이 반쪽짜리 관용의 출처는 어디인가. "목사님을 대적하면 벌 받는다"는 '권사님 서신 1장 1절' 말씀 탓일까? 그에 부합하는 예화—목사님을 대적하더니 그 집 아들이 하는 일마다 안 되더라, 결국에 자기가 병들어 죽더라, 어느 권사는 애들을 데리고 가다가 목사님을 만나면 길에 차를 세우고라도 축복 기도를 받게 시키더라, 그 집 애들이 다 의사에 교수 되고 축복을 혼자 다 받더라—를 너무 많이 들은 탓일까? 결국, 공허한 질문으로 두려움을 가장하고 강력한 카리스마에 기대어 스스로 생각하기를 포기하는 게으르고 비겁한 청년들의 선택과 다르지 않다. 생각이 복잡해지기 시작하면 딱 그 지점에 멈춰서 판단력과 힘을 외부의 권위자에게 양도하는 것이다. 그리하여 단순함으로 숨어들어 "평화 평화, 하나님 주신 선물"을 누려 보겠다는 것 아닌가. 이 모든 것에 누군가 태클을 걸어온다면 비장의 무기가 있다. '은혜로, 순종으로.'

우리가 포기하고 양도한 힘이 목사님들이 감당하기 어려운 권력으로 변하고 그 버거운 권력은 끝내 신앙은 물론 인간성마저 파괴하는 것을 재차 확인하는 요즘이다. 스타 목사들의 추락은 그나마 환부가 터져 고름이 나오는 것이라 눈으로 확인할 수 있어 차라리 다행인지도 모른다. 속으로 곪아 뼈가 녹는 지경인데 밖으로 보이는 상처가 없다며 멀쩡한 몸으로 행세하는 목회자와 교회들이 얼마나 많은지. 자신에게 부여된 과도한 권력이 하늘로부터 온 것인지 땅의 두려움에서 온 것인지 분별하지 못하는 목사님들의 좌충우돌은 보통 교회들의 일상이다. 이 무분별한 권력 남용은 우리 모두가 알지만 딱히 언급할 수는 없는 비상식의 상식이기도 하다. 이 비상식적 권위 행사에 반기를 들었다가 '비판을 일삼는 믿음 없는 자'로 낙인찍혀 마음 둘 곳 없이 방황하는 교인들은 또 얼마나 많은가? 결국 우리의 힘을 양도하고 그 힘을 무분별하게 쓰는 눈먼 지도자들로부터 상처를 되돌려 받는 셈이다.

헨리 나우웬이 말했다. "삶의 의미를 찾으려는 노력은 극한 좌절과 때로 말할 수 없는 고통을 안겨 줄 수 있다. 정확히 그것은 즉답이 아니라 새로운 의문들로 이어지기 때문이다." 그렇다. 신앙의 여정은 즉답이 아니라 고통스러운 의문의 연속이다. 그 고통스러운 과정을 감내하는 것이 두려워, 있어 보이는 목사, 강사, 유명 인사, 심지어 비상식적인 우리 교회 담임 목사에게 '의문 자체'를 양도해 버릴 일이 아니다. 생각할 힘을 팔아 치울 일이 아니다. 하늘 높은 줄 모르고 마이크를 놓지 못하다가 추락하는 것은 그들의 몫이지만 그 배후에서 가공할 힘의 원천이 되어 줬던 우리의 게으름과 비겁함을, 이제는 돌아봐야 할 때가 아닐까.

과연 그러한가?

강의하면서 받은 두어 번의 잊지 못할 질문이 있다. 두 번 다 매우 불편한 질문이었다. 그리 민감한 주제로 강의하는 일도 없는데 유독 공격적인 태도로 질문해 와서 등에서 식은땀이 날 지경이었다. 마치고 돌아와서도 괘씸하고 화가 나서 며칠 밤잠을 설쳤다. 헌데, 그때는 얼토당토않다 여겼던 공격에 가까운 그 질문이 내 강의에 깊이와 넓이를 더하는 계기가 되었다. 다시는 그런 질문을 받지 않기 위해서 더 고민하고 강의안을 다듬었을 뿐 아니라 더 겸허한 태도로 준비하게 되었다. 이 일로 깨달았다. 혹여, 내게 감동을 주는 지도자가 있다면, 그분의 말씀이 너무 좋아 오래도록 듣고 배우고 싶다면 지켜 드려야 한다. 그분이 과도한 인기에 함몰되지 않도록, 감당 못할 과도한 힘을 부여받아 스텝이 꼬이지 않도록 말이다. 그분의 말씀을 들을 때마다 '과연 그러한가?' 하면서 질문하고, 그분이 내놓은 글들에 기계적으로 '좋아요'라 반응하지 않으려고 한다. 그것은 그분이 아니라 나 자신을 위하는 길이기도 하다. 나는 누군가 던진 한두 마디에 꿰맞춰지는 기성품(既成品)의 존재가 아니라 유일무이의 피조물이기 때문이다. 유일무이의 존재에 딱 맞는 맞춤형 답은 내 안에 계시는 가장 큰 선생님, '기묘이며 모사'(Wonderful Counselor)라 불리는 그분께 있기 때문이다. 눈에 보이지 않는 그 큰 선생님을 믿는 일은 즉답이 아니라 꼬리에 꼬리를 무는 의문을 품고 걷는 고통스런 '좁은 길, 좁은 문'일지언정.

19장
이야기 정거장 2
'아롱지고 다롱지다'

　돈가스를 먹자니 느끼하겠고, 쫄면으로 하자니 식사로서의 무게감이 부족하겠다 싶은 때가 있다. 이럴 때 모든 종류의 음식을 한자리에서 시켜 먹을 수 있는 푸드코트가 딱이다. 이 둘을 한꺼번에 시켜서 네 것 내 것 없이 나눠 먹을 때의 충족감. 생김새는 비슷하지만 속은 아주 다른 남매를 키우는 맛이 딱 그것이다. 같은 배 속에서 나왔는데도 이렇게나 다른 기질을 타고났다는 것이 신기하다. 그런 외손주들을 바라보시며 친정 엄마가 그러신다. "그런 것이여. 한 뱃속에서 나와도 어떤 놈은 아롱지고, 어떤 놈은 다롱진 것이여. 그놈들 참. 허허허." 아롱지고 다롱진 아이들의 깨알 같은 이야기가 있다. 그 이야기가 멈춰 서는 '이야기 정거장', 일상의 찌꺼기들이 마음에 쌓이면서 미간에 힘이 들어가 인상 사나워진 엄마를 붙들어 세운다.

삐뚤어진 엄마 마음 위로하는 아롱지고 다롱진 방식

몸과 마음이 지친 상태로 준비한 저녁 식사를 마친 자리였다. 남편과 마주 앉아 대화가 오가는 중 마음이 삐뚤어져 버렸다. 그 마음 스스로 달랠 겸, 주부에게는 퇴근 없는 일터인 집을 빠져나왔다. 작은아이 현승이의 전화와 문자가 끊이질 않는다. 계속되는 문자와 전화에 답을 하지 않으니 "엄마, 바람 쐬고 들어와. 조심해"를 끝으로 잠잠해졌다.

잠시 후 집에 들어와 보니 이랬거나 저랬거나 평생 죄인이신 남편은 설거지 중이고, 엄마 걱정에 안절부절못하던 현승이는 반색을 하며 달려들어 끌어안는다. 베란다 창을 거울삼아 "롤리폴리 롤리롤리폴리⋯⋯"를 흥얼거리며 흔들어 대는 큰아이 채윤이는 고개도 안 돌리고 "엄마, 기분 좀 풀렸어?" 하면서 거울 속 자기 모습을 들여다보느라 여념이 없다.

침대에 힘없이 누워 있으니 현승이가 들어와서 엄마 손을 잡았다가, 안았다가, 얼굴을 쓰다듬었다가 하면서 맴돌더니 "엄마, 다리 주물러 줄까?" 한다. 그때, 거실에서 춤을 추던 그 스텝을 유지하면서 흔들흔들 채윤이가 들어온다. 목소리만큼은 근엄하게 동생에게 말한다.
"현승아, 너 잠깐 나가 있어 봐. 누나가 엄마한테 얘기 좀 하게."
그러나 동생이 나가든 말든 신경 쓰지 않고 바로 엄마한테 얘기를 해 대는 채윤이.

"엄마, 엄마가 밥 차려 놓고 오래 기다린 건 알겠지만, 아빠가 일부러 늦게 온 것도 아니고, 내가 봤을 때 아빠가 그렇게 잘못을 한 건 아닌 것 같애. 그렇다고 뭐 엄마 잘못도 아니지만……(바로 독백 모드, 엄마도 피곤한데 밥하고 기다리면 속이 상하겠지…… 중얼중얼). 그러니까 엄마 마음 풀어. 내가 아빠한테도 잘 얘기해 볼 테니까, 엄마도 마음 풀어. 잠깐만."

설거지하는 아빠한테 조르르 달려가 뭔가 훈계조로 얘길 하더니 금방 튀어 들어온다.

"엄마, 내가 아빠한테도 얘기 잘했으니깐 이제 괜찮을 거야. 뭐, 사과를 하면 받아 줘야지."

지켜보던 현승이, 이건 아니라는 듯,
"엄마, 내가 다리 주물러 줄게" 한다.
"아냐, 현승아. 엄마 다리 안 아파. 괜찮으니까 가서 놀아" 했더니,
대단한 일을 해냈다는 듯 만족에 겨운 표정의 채윤이 잽싸게 침대에 엎드리며,
"야, 김현승. 그러면 나 허리 좀 주물러 줘. 피아노 연습할 때부터 허리가 아팠어."
현승이는 "알았어" 하더니 엄마 다리 대신 누나의 허리를 꾹꾹 주무르고 있다.
부조화의 조화인 듯 아롱지고 다롱진 놈들의 위로로 삐딱한 엄마 마음이 제자리를 찾아가게 되었다는 이야기.

엄마 아빠의 '재혼'에 대한 두 가지 생각

외할아버지 추도식을 앞두고는 아롱진 채윤이가 묻는다.
"엄마, 외할아버지는 어떤 아빠였어? 우리 아빠 같은 아빠였어?"
이 질문으로 주거니 받거니 얘기를 하다가 아버지에 대한 그리움이 사무쳤다. 아버지가 보고 싶어서 밤새 울었던 사춘기 시절 이야기도 들려 주었다. 한참 듣던 아롱이가 그런다.
"엄마, 만약에 우리 아빠가 외할아버지처럼 죽는다면……, 나는 어떨까? 엄마처럼 그럴까?
그런데 엄마, 아빠가 죽어서 우리 집이 한 부모 가정이 된다면 엄마는 꼭 재혼해. 나는 한 부모 가정은 싫어. 엄마가 재혼을 해서 다시 핵 가족으로 만들어 줘"(사회 시간에 '가족의 형태'만큼은 제대로 배웠군).

아롱진 누나의 과감한 '엄마 재혼 발언'에 한 마디도 거들지 않던 다롱이 현승이는 슬쩍 자리를 빠져나가 침대에 누워 버렸다. 모르긴 해도 현승이로서는 누나의 그 과감한 발언이 '개념 상실'로 보였을 것이다. 감히 아빠가 죽는 상상을 하다니, 무엇보다 그것을 입 밖으로 내다니.

함께 누워 재우면서 "현승아, 너도 누나처럼 생각해?" 했더니,
"안 돼. (재혼)하면 안 돼." 짧게 대답하고는 휙 돌아누웠다.

다음 날 외할아버지 추도식에 가는 차 안에서 다시 '재혼'이 대화의

주제가 되었다. 현승이는 만약에 엄마가 다른 아저씨하고 결혼하면 그 사람이랑 말도 안 하고, 부르지도 않을 거란다. 채윤이는 천진난만하게 "왜애? 나는 아빠라고 할 건데. 지금 아빠랑 비슷한 사람하고 하면 되잖아"란다.

그러다 '만약에 엄마가 죽고 아빠가 재혼하면'으로 화제가 옮겨 갔다. 그러잖아도 사랑하는 엄마가 죽을까 봐, 아플까 봐 늘 걱정인 현승이, 진짜 속상해졌다. 순하디 순한 얼굴에 눈만 이글거리며 마지막 한마디를 독하게 내뱉었다.
"아빠가 다른 아줌마하고 결혼하면, 나는……, 나는……, (씩씩) 그 아줌마한테 지지배라고 부를 거야!"

야롱이가 다롱이의 먹이를 뺏는 법

먼 길을 가며 고속도로를 탈 때는 차가 좀 막혀도 좋다. 아무리 길이 막힌다 해도 휴게소는 나오기 마련이니까. 수련회 가 있는 아빠를 만나러 아롱이와 다롱이와 엄마가 차 밀리는 고속도로를 탔다. 휴게소에 도착하여 각자 먹고 싶은 걸 하나씩 골랐다. 채윤이는 맛밤, 현승이는 맥반석 오징어, 엄마는 치킨 날개 다섯 조각.

차에 다시 타자마자 채윤이는, "엄마, 나 치킨 줘" 한다.
"엄마는 이게 점심이니까 너희 한 조각씩만 주고 엄마가 세 개 먹을 게" 하고 나눠 줬다.

현승이가, "아, 매워. 매워. 치킨 매워" 한다. 그 말 들은 채윤이 반색을 하며, "현승이 매워? 매워서 못 먹겠어? 그러면 누나가 먹어 줄게. 이리 줘" 하면서 선심을 쓴다.

잠시 후.

"현승아, 누나가 너 매운 치킨 먹어 줬으니까 네 오징어 좀 누나한테 줘" 하더니

어느새 현승이 오징어를 둘이 함께 먹고 있다.

결국, 엄마의 치킨도 현승이의 오징어도 다 먹고 없어졌을 때, 그때 채윤이는 맛밤을 야금야금 먹기 시작한다.

아롱이와 다롱이, 최후의 승자

다혈질 누나는 웬만하면 싸움 초반에 흥분하고, 웬만하면 흥분한 상태에서 동생에게 폭언하고, 웬만하면 목소리를 높이다가, 웬만하면 엄마한테 걸려서 선발대로 혼난다.

느릿느릿 나무늘보 권법 동생은 웬만하면 천천히 느릿느릿 말해서 약만 올리고, 웬만하면 때려도 조용히 티 안 나게 때려서 처벌을 피해 간다.

나무늘보의 얄미운 행태에 열이 오를 대로 오른 아롱이 누나가 엄마를 찾아 고하길,

"(또박또박) 엄마, 이제부터 내가 김현승을 아무리 아프게 때려도 날

혼내지 마. 진짜 누나한테 누나 대접하지 않는 애는 혼을 내기로 결심했어. 그러니까 이제부터 엄마가 아무리 엄마라도 나한테 뭐라고 하지 마. 내가 누나니까 누나 노릇을 해야겠어. 우리 둘의 일이니까 엄마는 앞으로 상관 쓰지 마. (상관 쓰지 마.ㅎㅎㅎ) 이제부턴 김현승을 막 때려 줄 거야(씩씩거리며 코에서 김이 나올 지경이다)."

한편, 침대에 비스듬히 기대어 사태를 관망하던 나무늘보 동생이 느릿느릿 한마디.
"거참, 말 한번 똑 부러지게 하네."
Game over!

두 아이와 함께 강변으로 자전거를 타러 나간다. 출발하기가 무섭게 큰아이의 자전거는 바람처럼 달려 나가서 금세 시야에서 사라진다. 작은아이의 자전거는 앞으로 나가는 듯싶다가 어느새 보면 다시 곁에 와 있다. 한참 앞서 가나 싶으면 길 한쪽에 한 다리로 땅을 짚고는 뒤를 돌아보며 천천히 걸어가는 엄마를 기다리고 있다. 바람을 가르며 금방 눈앞에서 사라진 큰아이는 지금 이 순간을 즐기는 쾌락주의자(Epicurean)다. 낯선 것을 향해 거침없이 나아가는 모험가의 면모도 보인다. 반면 그녀의 동생은 금욕주의자(Stoic)다. '재미'가 아니라 '의미'를 찾아 움직이는 사색가이고, 앞을 향해 나아가는 것보다 중요한 것이 주변을 세세하게 돌아보고 느끼고 공감하는 것이다. 말이 좋아 이렇고, 엄마 입장에서 한마디로 정리하면 큰아이의 거침없는 에너지가 버거우며 걱정스럽고, 작은아이의 깨알 같은 꼼꼼함이 답답하다. 서로 다른 두 아이의 장점이 눈에 띌 때는 속에서부터 올라오는 과도한 자부심에, 그 반대일 때는 금세 어깨를 찍어 누르는 무거운 근심에 압도된다. 그래서 평상심으로 살아가기가 쉬운 일이 아니다. 그러나 아롱지고 다롱진 아이들이 빚어내는 '이야기 정거장'에 멈춰 크게 한 번 웃고 나면 얘기가 달라진다. 그 웃음 한 방에 이런 저런 게 다 털려 나간 듯 마음이 새털처럼 가벼워진다. 느려 터진 PC를 정리해서 휴지통을 비우고 최적화된 화면이 휙휙 빠르게 바뀌어 줄 때의 기분처럼 일을 마치고 집으로 돌아가는 발걸음이 경쾌한 리듬으로 빨라진다. 친정 엄마의 목소리가 쟁쟁 울린다. "허허허, 한 배를 타고 나도 다 그르케 지 각각이루(제 각각으로) 아롱지고 다롱진 거여."

20장
5월 5일과 8일, 둘 사이에 끼었으니

　감기로 코가 막혀 쌕쌕거리는 아이를 데리고 병원에 갔다. 이비인후과에 가면 늘 하는 치료가 '코 빼기'인데 아이는 어릴 적부터 이걸 무서워했다. 겁이 많은 것에 비해서 진료할 때는 꽤 잘 참는다. 아프기도 하고 두렵기도 하지만 낯선 의사 선생님 앞에서 약한 모습을 보일 수는 없는 아이의 성품 탓이다. 표정은 약간 수줍음 띤 '무덤덤'이지만 악물고 참는 것이 엄마 눈에는 보인다. 여느 때처럼 코를 빼던 아이가 갑자기 움찔하더니 내 쪽으로 고개를 돌리면서 "엄마, 아파" 했다. 그리고 바로 눈가가 빨개진다. "여기 봐. 움직이면 안 돼" 하는 의사 선생님의 말에 어쩔 수 없이 다시 정면을 보면서 말도 삼키고 눈물도 삼키는 것 같았다. 잠시 쉬는 사이 다시 나를 보면서 작은 소리로 "엄마, 아파. 이가 아파" 하면서 뚱딴지같이 이가 아프단다. 의사 선생님의 설명이 갑자기 코를 뺄 때 압력의 차이로 연결된 다른 신경을 건드리며 어금니 쪽이 아플 수도 있다는 것이다. 조금 아프다 말 것이라 하고 아이도 잠잠하기에 그런가 보다 했다. 진료를 마치고 나오자마자 문 앞에서 눈물을 뚝뚝 흘리면서 "엄마, 되게 많이 아파" 한다. 그러는 중 다른 치료를 안내하기 위해 간호사님 등장. 아무 일 없었다는 듯 눈을 중심으로 얼굴만 벌개져서 고분고분 치료를 받는다. 그리고 다시 엄마랑 단둘이 남게 되자 또 "엄마, 많이 아파" 하며 그렁그렁. 치료비 계산을 하고는 간호사가 사탕을 주면서 "안녕" 하니 살짝 수줍은 미소를 짓길래 괜찮은가 보다 했다. 병원 밖으로 나오자마자 내 품에 달려들어 안기더니 '엉엉' 우는 것이다. 코를 빼는데 갑자기 이가 아파서 너무 놀랐고 너무 아팠다고. 그리고 지금도 많이 아프다며 남자의 눈물이 그칠 줄을 모른다. "정말 아팠구나. 많이 아프다고 말하지. 이 정도로 아픈지 몰랐잖아" 하고 한참을 안고 있는데 가슴이 뭉클했다.

'그렇게 놀라고 아팠으면서 어쩌자고 눈앞에 있는 의사 선생님에게 말하지 못하고 한 걸음 떨어져 서 있는 엄마만 바라보았던 것이냐. 부끄럼쟁이 아들아, 아무리 부끄러워도 그렇지. 즉각적으로 전달해야 할 고통의 상황에서조차 엄마를 통해야 했던 것이냐.' 거대한 세상 앞에 선 이 작은 아이가 엄마라 부르는 나를 통해서만 자기를 표현하고 내보인다. 크지도 않은 내 덩치를 방패 삼아 자기를 숨기고 세상을 엿보는 아이의 무력함이 아프도록 측은했다. 알고 보면 나도 무력하기 짝이 없는 아이 같은 존재인데 그 순간 아이가 맘 놓고 안겨 울 수 있는 품이 내게 있다니 나의 '엄마 됨'이 온몸으로 느껴졌다. 그래, 나는 엄마야. 내가 엄마였지. 언제쯤 이 아이가 세상과 자기 사이에 세워 둔 방어벽 엄마를 스스로 치우게 될까? 큰아이가 겪는 사춘기는 세상으로 나가기 위해 '엄마 방어벽'을 허물어 내려는 지난한 싸움인 것을 알겠다.

언젠가 부끄럼쟁이 꼬마 철학자가 내게 수수께끼를 냈다. "엄마, 내가 만든 수수께낀데 맞혀 봐. 부탁하고, 하고, 해 주고, 다시 부탁하는 게 뭐게?" 부탁하고, 하고, 해 주고, 다시 부탁하는 것이라……, 이게 뭘까? 이내 정답이 공개됐다. "사람이야. 사람. 봐 봐. 아기였을 때는 아무것도 못 하니까 엄마가 다 해 줘야지. 그러니까 모든 걸 부탁해야 해. 이제 누나처럼 자라면 혼자 지하철도 타고 다니고 혼자 할 수 있잖아. 그러니까 혼자 하고! 그 다음에 어른이 돼서 엄마 아빠가 되면 자기 아기를 돌봐 주고 뭐든지 해 줘야 하잖아. 그리고 늙으면 다시 자식한테 부탁해야 해. 그러니까 사람 맞지?" 와, 이것은 신(新) 스핑크스의 수수께끼인가?

연로하신 외할머니가 편찮으시던 때 만든 수수께끼다. 외할머니를 업거나 부축하는 외삼촌과 아빠를 말없이 지켜보며, 꼼짝 못하고 침대에 계시는 할머니께 음식을 해서 나르는 엄마를 따라다니며, 나름대로 얻은 인생에 대한 통찰이었던 것이다. 그 수수께끼대로라면 '부탁하는' 시기와 '하는' 시기 사이쯤 있는 이 아들에게 언젠가는 내가 '부탁하는(의존하는)' 날이 올 것이다. 아니, '신(新) 스핑크스 수수께끼'의 원리가 아니라 그것이 생로병사의 인생이다. 말을 할 줄 몰라서가 아니라 아직 세상과 독대할 힘이 없어 의사 선생님을 코앞에 두고도 '엄마 아파'를 중얼거리던 아이와 꼭 같다. 편찮으신 친정 엄마도, 돌아가시기 직전의 시아버님도 결정적인 지점에서 본인들의 입으로 의사와 (또는 세상과) 소통하지 못하셨다. 자식들이 대신 증상을 말했고, 의사의 설명을 들었고, 치료 방법을 결정했다. 그것을 본 아이는 '의존하는 존재'로서 자신과 할아버지 할머니 사이에서 동질감을 느꼈었나 보다.

　5월 5일 어린이날과 5월 8일 어버이날 사이에 끼인 6, 7일은 내가 서 있는 인생의 나날 같다. 어린 자녀와 갈수록 연로해지시는 또 다른 어린아이 부모님 사이에 끼어 있다. 지갑에 든 지폐를 '총알'에 비유하며 많이 장전해 두고 오직 발사해야 하는 5월이라고들 한다. 5월의 끼인 날들은 총알만 장전해서는 잘 보낼 수가 없다. 총을 겨누는 기술도 필요하고 체력도 필요하다. 자라나는 아이들의 부모 노릇과 아이가 되어 가시는 부모님의 자녀 노릇을 위해서는 몸과 마음의 건강이 함께 필요한 것 같다. 건강하게 든든히 서 있을 수 있어야겠다 싶고, 이제야 비로소 어른이 되는구나 싶다. 신(新) 스핑크스의 인생 여정 3단계, '해 주는 시기'에 있는 내가 '잘' 해 주는 시기로 지내야지 싶다. 이 땅에 우리 엄마의 딸로 와서 엄마의 품에서만 울 수 있었던 '부탁하는' 시기를 살았고, 혼자 할 힘이 생겼다고 천방지축 세상을 어떻게 해 보겠다는 식으로 나대던 '하는' 시기를 지내 왔다. 그리고 이제 '해 주는 시기'. 말 못하고 짊어져야 할 것들이 많지만 언젠가 어쩔 수 없이 다시 맞이할 '부탁하는 시기'가 오기 전까지, 잘 누리고 감내해야겠다. 그리고 홀연히 '부탁하는 시기'가 찾아올 때 아들과 딸이 나를 안고 업기에 힘겹지 않도록 힘을 빼고 기꺼이 기댈 수 있는 말랑하고 겸손

한 영혼이 되어 있으면 좋겠다. 이 땅의 모든 '해 주는 시기' 사람들의 지갑과 몸과 마음의 총알이 바닥나지 않기를!

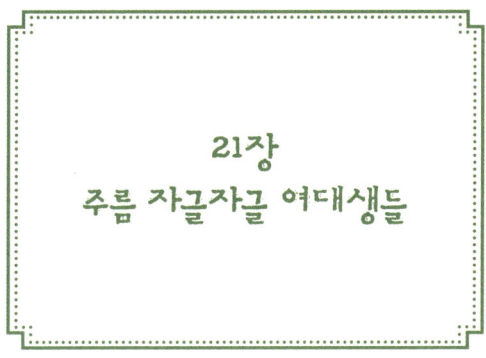

21장
주름 자글자글 여대생들

먹이를 찾는 하이에나처럼 의류 할인 매장의 매대에 쌓인 옷들을 파헤치고 있었다. 나 말고도 여러 사람이 한 손에 찜한 옷을 거머쥔 채 밑에 깔린 옷을 잡아 빼고, 다시 쌓아 놓고, 바닥에 떨어뜨리며 열심히들 옷을 고르고 있었다. 피팅룸에서 옷을 갈아입고 나온 한 아줌마가 거울 앞에 서서 앞뒤 돌며 살피더니 일행에게 물었다. "너무 아줌마 같지?" (옆에 있던 아줌마인) 나는 큭, 웃고 말았다. 나도 가끔 남편에게 하는 말이니까. "이렇게 하니까 너무 아줌마 같지?"

혼자 카페에 앉아 독서 삼매경에 빠져 볼 요량이었다. 자리 운이 좋질 않았다. 비어 있던 옆 테이블에 아줌마 팀이 우르르 들어와 앉은 것이다. 듣다 보니 오랜만에 만난 학창 시절 친구들인가 보다. "얘, 너는 어쩜 얼굴이 그대로니. 하나도 안 늙었다." "너도 하나도 안 변했어."

이런 얘기가 오가는데 '도대체 얼마나 안 변했기에?' 고개를 들어 확인하지 않을 수 없었다. '품, 학교 다닐 때 이미 저런 얼굴이었다고?' 노안(老顔) 여학생들의 수다가 싫지만은 않아서 눈은 책에, 귀는 그쪽에 두고 한참 앉아 있었다.

오랜만에 대학 동창들을 만났다. 만나자마자 예의 그 노안 여학생들 얘길 해 주면서 웬만하면 "너 정말 그대로다. 하나도 안 늙었어. 나이도 안 먹냐?" 이런 말은 삼가자고 했다. 정 하고 싶으면 목소리를 낮추라고. 한바탕 웃었고 그러자고 했지만 그게 그렇게 되질 않는다. "너 정말 그대로다. 하나도 안 변했다. 어쩜 그 얼굴이 그대로니?"를 연발하게 되는 것이다. 진심으로 그렇게 느껴지는데 어쩔 수가 있어야지 말이다. 아, 몰라. 옆 테이블 누군가가 큭큭거리며 "저 아줌마들 저 얼굴로 대학생이었대" 하더라도 어쩔 수 없는 일이다.

인생의 사이클이 그런 것 같다. 학교를 졸업하고 직장 생활을 할 때는 가끔 만나 연애담도 나누고 직장 상사도 씹고 했었다. 하나둘씩 결혼의 문을 열고 들어가면 도통 문밖으로 나오질 못했(않았)다. 친구들 중 늦게 결혼한 나로서는 신혼집에 가서 어설픈 새댁의 밥을 얻어먹고 귀에 안 들어오는 시월드 얘기도 듣곤 했었다. 그러다 나도 결혼을 했고 직장 생활 하며 아이를 키웠고 친구들의 소식은 끊어졌다 붙었다 했다. 몇 년에 한 번 소식을 전하다 보니 존재감도 그리 크지 않았었다. 그렇게 졸업 후 20여 년이 흐른 요사이, 약속을 잡고 얼굴 보는 일이 수월해졌다.

내 친구가 아니었다면 '그냥 아줌마'로 보였을 아줌마에게서 여대생이 느껴진다. 신입생 OT 가는 버스에서 옆자리에 앉았던, 정말 착하고 순해 보였던 인상의 K. 4년 내내 많은 말을 하지 않아도 공감이 되는 사이였다. 함께 만나는 친구 중 유일하게 비신자였었는데 그사이 가톨릭 신자가 되어 있었다. 몇 마디 말에서도 느껴졌다. 신앙으로 인생을 관조하는 마음의 눈이 한결 깊어졌음을. 아이 대학 입학 얘기를 할 뿐인데 마음의 힘을 빼고 내어 맡긴 믿음의 언어가 들리는 듯하여 놀라웠다. 초롱초롱한 눈빛 하나로 맨얼굴에도 생기가 넘치던 C. 예기치 않게 다가온 인생의 추운 날들을 잘 겪어 내고 이전보다 더 활기넘치는 모습에, 누구보다 더 행복해 보인다. 늦둥이 재롱을 자랑하는 C의 초롱초롱한 눈은 20년 전보다 더 깊고 천진하다. 도통 공부를 잘할 것같이 생기지 않았는데 1등만 하던 N, 결혼 후에 꿋꿋하게 공부를 지속하여 교수가 되어 있다. 늦잠을 잤다며 부스스한 얼굴로 제일 늦게 약속 장소에 나타났다. 교수는 무슨! "그래 가지고 지각하는 학생들 야단도 못 치겠다"라며 타박을 하는데도 아랑곳하지 않고 음식이나 가지러 가는 무심한 모습은 20년 전 그대로 데자뷰다. 나의 대학 시절은 내내 방황(이라 쓰고 땡땡이라 읽는다)의 연속이었다. 그로 인한 자괴감이나 죄책감 같은 것은 늘 따라다니는 어두운 그림자였다. 그런 내게 유난히 칭찬이 많았던 친구 J, 자기 오빠를 내게 소개해 주겠다 하기도 했었다. 돌이켜 보면 이 친구가 나를 바라봐 주는 선한 시선은 '그래, 나도 괜찮은 애야'라는 느낌을 가지게 했었다. 우리 중 '전공'에 가장 충실한 현장을 살아온 친구이기도 하다. 그 외길 20여 년에 힘입어 늦은 나이에 어려운 시험에 도전하고 교육 행정가가 되었다. 무엇보다 하고 싶은 일을 하게 되어 설렌다니 내 일처럼 기뻤다. 아주 작은 교회에서 신나게 신앙생활 하는 J는 내가 늦게 목회자의 아내가 되었다는 것을 반겨 주었다. 친구가 진심으로 좋아하며 잡아 주는 따뜻한 손은 '목회자의 아내'라는 타이틀이 주는 떨치기 어려운 부담감을 순간 날려 주는 것 같았다. 에이구, 세월이 가도 칭찬쟁이가 주는 위로는 어디 가질 않는구나.

친구들을 만나고 돌아온 기분이 자꾸 수소 가스 넣은 풍선처럼 위로, 위로 날아오른다. 변했지만 변하지 않은 친구들의 모습을 확인한 즐거움 때문만은 아니다. 추억을 더듬는 수다로 '전설의 키스' 같은 것이 떠올라 킥킥거리며 웃어 대느라 엔도르핀이 마구 분비된 때문만도 아니다. 과거가 아니라 내 친구들의 현재에는 뭔가 특별한 것이 있었다.

대한민국 아줌마들이 모이면 대화 주제의 알파와 오메가는 '애들 공부 얘기'다. 아니면 '애들 공부해서 대학 가는 얘기' 또는 '애들 재능을 발견해서 공부해서 대학 가는 얘기'다. 아줌마들이 모이는 곳에 '아줌마'가 주체가 되는 얘기는 없다. 그런 이유로 나는 아이들 학교 엄마들을 사귀지 않는다. 내 또래 아줌마들을 만나는 것을 심지어 두려워하는 이유이기도 하다. 아이 학업에 대한 소신이 나름대로 뚜렷함에도 수학 학원, 영어 학원, 내신 성적……, 이런 얘기를 듣고 오는 날에는 불안지수가 높아져 괜히 뱁새눈을 하고 아이들을 쳐다보게 되기 때문이다.

오늘 만난 친구들은 도통 아이 학업에 관심들이 없다. 아니다. 어느 엄마가 아이 공부에 관심이 없겠는가. 나름대로 조바심에 동동거릴 때도, 심각하게 걱정을 할 때도 있겠지만 아이들의 공부에 목숨을 걸지 않는 것 같다. 때문에 "우리 애는 무슨 과목을 잘해"가 아니라 "우리 애는 무슨 과목을 못해. 못해도 너무 못해"라며 하하하 웃을 수도 있는 것이다. 그렇다고 사교육을 하지 않겠다고 비장한 결심을 하고 시대를 거슬러 가는 엄마들도 아니다. 그저 아이의 삶에 자신을 과도하게 밀착시키지 않고, 아이는 아이대로의 인생이 있을 거라고 믿는 정도랄까? 아니면 자신에게 주어진 시간을 열심히 사느라 아이의 공부에 관해 왈가왈부할 여유가 없었는지도 모른다. 흔하게 만나는 대한민국 엄마들과 이 친구들의 다른 점은 어디서 유래하는 것일까? 유아교육을 전공한 덕분에 일찍부터 자신의 아이를 또 하나의 주체로 바라볼 수 있는 눈이 있었던 것일까? 아니면 4학년 때 교양 필수로 들었던 여성학 수업의 영향으로 자기 삶의 주체가 되어 사는 것을 포기하지 않은 덕분일까? 어찌 됐든 20여 년 살아온 삶이 제각각인데도 흔한 대한민국 엄마에서 비켜 간 모습들이 고맙고 위로가 된다. 우리의 딸이나 아들 누구도 '엄친딸, 엄친아'가 아니라는 것이 내게는 동지를 얻은 느낌이고 안도감이었다. 각자의 자리에선 조금 '이상한 엄마'나 '무심한 엄마'로 오해를 받으며 외롭기도 하겠지만 말이다.

돌아오는 길 지하철 안에서 함께 찍은 사진을 찬찬히 들여다보았다. 웃음이 나왔다. '다들 늙긴 늙었네!' 눈가의 주름 하며 누가 봐도 중년의 아줌마들이다. 그러고 보니 친구들의 표정이 참 자연스럽다. 주변

또 다른 세계의 아줌마 중에는 얼굴에 빵빵한 '젊음'을 주입하여 세월의 흔적을 지우다가 본연의 표정까지 잃어 낯설어진 얼굴들이 많다. 웃어도 웃는 것 같지 않고, 당황해도 쉽게 알아채기 어려운 표정이라 오래 바라보기가 민망할 때가 있다. 친구들의 얼굴엔 자글자글 세월의 흔적이 있을지언정 지나온 시간 그대로의 표정이 살아 있는 것 같다. 그래서 얼굴을 가까이 하고 나누는 이야기가 더 편안했나 보다. 나는 없는데 친구만 가진 가방, 좋은 피부, 일류 대학 간 아들을 확인하고는 고개를 떨구고 돌아오게 되는 게 드라마에서 보는 동창 모임이다. 고맙게도 좋은 친구들을 둔 덕에 '동창 만나고 온 밤'에 모처럼 기분 좋은 불면(不眠)을 즐긴다. 이렇게 하나하나 우리들만의 아줌마스러움을 꼽아 보니 함께 나이 먹어 감이 그리 나쁘지 않게 느껴진다. 이래저래 과거와 현재를 넘나드는 생각으로 미소가 실실 새어 나와 입이 꽉 다물어지질 않는다. 요란스럽지는 않으나 자기 오지랖의 한계를 알고, 선을 그을 줄도 아는 친구들의 내일은 어떤 모습일까? 아이의 행복과 자신의 행복을 일찍부터 분리시킬 줄 아는 주체적인 아줌마들의 노년을 상상해 본다. 보통의 대한민국 할머니들과 다른 이상한, 꽤 무심한 할머니가 되어 있을까? 그러나 아들 며느리를 기꺼이 떠나보낼 줄 아는 꽤 괜찮은 시어머니들일지도 모른다. 그때는 마주 앉아 며느리 험담이나 끝없는 손주 자랑 대신 우리의 노년을 이야기할 수 있으면 좋겠다. 여전히 그러고들 있을까? "너는 어쩜 주름도 없고, 허리도 안 굽었니? 예전 모습 그대로다, 그대로야."

여름

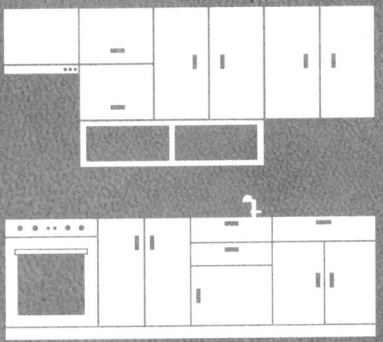

22장
내 인생 단 한 번의 수련회

교회 죽순이, 죽돌이들에게 여름이 뜨거운 이유는 이것이다. "별이 쏟아지는 해변"으로 가는 수련회. "메아리 소리가 들려오는 그곳"으로 떠나는 수련회. 중학교 이후 나의 여름 방학은 수련회를 중심으로 돌았다. 어느 해든지 수련회를 떠올리면 그해의 크고 작은 추억이 줄줄이 딸려 나오는 정도니 말이다. 중·고등부 시절 두세 교회 연합 수련회를 준비하느라 교회 임원들과 준비 모임을 하던 기억. 수련회의 은혜를 기대함인지 까칠한 매력이 있는 저쪽 교회 회장에 대한 설렘인지 괜히 들뜬 시간을 보내곤 했다. 학생 회장이라는 사명감 충천하여 구석에서 몰래 담배 피우는 남학생들 색출하러 다녔던 기억, 창문도 없는 덥디 더운 기도원 방에서 더위를 참다 참다 냉장고 문을 열어 놓고 잠을 잤던 기억. 이런 지극히 인간적인(?) 추억뿐이 아니다. 저녁 집회의 뜨거운 말씀과 기도의 열기 속에 내 자아가 녹아 버릴 것 같은 경험은 또 얼마나 짜릿했던가. "세상과 나는 간 곳 없고 구속한 주만 보이는" 이 시간 이후 난 완전 은혜의 새사람이다. 평소 서먹하고 어려웠던 친구랑 부둥켜안고 눈물 콧물 흘리며 기도하고 나면 드는 생각, '막힌 담을 허신 평화의 주님으로 인해 더 이상 관계의 문제가 거치적거리지 않겠지.' 마지막 밤 캠프파이어는 또 어떤가? 하늘에서 날아온 불덩이가 쌓아 놓은 장작에 불을 붙일 때, 수련회의 주제가 네온사인 (neon sign)처럼 한 글자씩 불타며 모습을 드러낼 때, "작은 불꽃 하나가 큰 불을 일으키~이듯" 기타 반주에 맞춰 찬양을 부를 때는 드디어 내 마음도 함께 불타니 여기가 바로 천국이다. 그곳은 그저 하나님과 형제자매와 아름답게 거하는 천국이다. 비록 그 수련회가 끝나고 일상으로 돌아왔을 때 나는 그전과 달라진 것 하나 없는 나일 뿐임에 매년 좌절이 되기는 했지만.

중학교 이후로 결혼할 때까지 매년 있던 여름 수련회를 딱 한 번 거른 적이 있다. 청년부 시절이었다. 교회 죽순이답게 '여름 수련회 3박 4일로 1년 영발 다 채운다'는 생각으로 수련회에 목숨 걸던 청년 시절이었다. 그러나 그해에는 정말 수련회에 가기가 싫었다. 이유는 분명했다. 그해 새로 오신 대학 청년부 목사님의 설교를 3박 4일 내내 들을 자신이 없었다. 여러 가지로 신앙의 노선이 맞지 않았지만 당시 〈시사ㅇㅇ〉을 구독하고 있던 내게 그런 잡지를 읽으면 영이 악해진다고 조언하시는 통에 어지간히 맘도 상해 있던 터였다.

일주일에 한 번 듣기도 힘든 목사님의 설교였으니 3박 4일 휴가를 바쳐 가며 고문을 자처할 수가 없었다. 졸업한 선배며 동기며 교회 장로님까지도 "그러면 안 된다. 그래도 가야 한다"라며 애정 어린 조언을 아끼지 않으셨다. 무엇보다 내 맘에는 '아무리 그래도 수련회를 안 가다니! 하나님의 뜻을 거스르는 짓은 아닐까' 하는 목소리가 은밀히 들렸다. 그때 유일하게 내 손을 들어 주신 분이 계셨다. 청년부를 지도하시다 고등부로 가신 전도사님이셨는데 "정 그렇다면 수련회에 가지 마라. 대신 특별한 마음으로 3박 4일을 보내라"라고 하셨다.

특별하게 보내라는 3박 4일은 성경 일독도 아니고, 금식 기도도 아니고 하다못해 신앙 서적 몇 권을 읽으라는 말씀도 아니었다. 《논리와 비판적 사고》라는 논리학 책을 읽으라고 하셨다. 그뿐 아니라 수련회를 갈 수도 없지만 안 가기에는 져야 할 마음의 짐이 너무 많다는 걸 알아봐 주시고 많이 위로하고 격려해 주셨다.

높은 책꽂이가 앞을 딱 막고 있던 내 방 책상 앞에서 꼬박 3박 4일간 나 홀로 수련회를 했다. 가볍지 않은 내용과 분량의 논리학 책 한 권을 큐티하듯 읽으며 보낸 것이다. 비록 내가 선택했을지언정 모두로부터 떨어져 나와 혼자 있다는 소외감, '지금쯤 무슨 시간이겠네' 하며 자꾸만 그리로 향하는 그리움을 있는 그대로 맞닥뜨렸다.

'한 번도 주일 예배에 빠진 적이 없어. 한 번도 수련회를 빼먹은 적이 없지. 도대체 왜 수련회를 안 가려고 해?' 하면서 쌓던 자의식의 바벨탑에 균열이 시작된 순간인지도 모른다. 늘 주류였지만 비주류 쪽에 서게 되었고, 늘 주도하던 자였지만 뒤로 빠지는 자가 되었으며, 끌고 가던 입장에서 결코 끌려가지 않는 입장이 되어 본 것이다. 성경이나 신앙 서적이 아니라 논리학 개론서 한 권을 들고 나의 가장 빛나는 부분이 아니라 그림자 길게 드리워진 모습을 직면하며 기도하듯 읽었다. 물론 당시에는 그 모든 감정이 뒤범벅되어 혼란스러울 정도였다. 그 여름의 '나 홀로' 수련회는 모태 바리새인으로 태어나 누구보다 열성적으로 교회의 핵심부를 벗어나 본 적이 없는 내게 일종의 회심과 치유의 시간이었다. 세월이 지나고 나이를 먹으며 다시 돌이켜 해석해 보니 그렇다는 얘기다.

그 경험 때문일까? 청년들이 "수련회를 가지 않겠다"라고 하거나 "교회를 옮기겠다"며 상담을 해 올 때 애써 그들의 결정을 존중해 주려 한다. 물론 나는 알고 있다. 많은 경우 환경보다 중요한 건 사람의 마음이기 때문에 이탈하고 싶은 환경에서 자리를 지키며 인내하는 것이 대체로 안전한 선택이 될 것이다. 할 수 있다면 설득해서 수련회에 가게 하고, 쉬고 싶다는 교회 봉사를 계속하도록 하고, 견디기 힘든 지금의 교회를 참아 보라고 하는 것이 하나님의 뜻까지는 몰라도 좋은 선택인 줄은 안다. 허나, 내가 경험한 단 한 번의 수련회가 가르쳐 준 것처럼 '당위의 선택'을 포기하고 '내가 원하는 것'을 선택한 후 상실감을 느끼고, 그 상실감을 스스로 책임지는 것이 그 어떤 가르침보다 클 때가 있다. "이 녀석아, 그래도 이번 한 번만 참고 수련회 가 봐." "계속 교회 학교 교사 해 봐"라고 애정으로 우격다짐하고픈 때가 많지만 믿어 주고 존중해 주기로 한다. 도종환 님의 시처럼, "흔들리지 않고 피는 꽃"이 어디 있으며 "젖지 않고 피는 꽃이 어디 있으랴." 우리 후배들에게, 우리 아이들에게 흔들리는 것을 허락하고 흔들리다 자기 발로 서는 기회를 허용해 줄 때 스스로 생각할 줄 아는 그리스도인, 시민이 되지 않겠나 생각한다.

교회 죽순이로 자라 여전히 교회 언니인 나 자신을 자랑스럽게 생각한다. 주일을 범하지 않고 수련회라면 목숨 걸고 따라다녔던 나의 젊은 시절을 사랑한다. 마치고 일상으로 돌아오면 도루묵이 되고 말았던 '수련회의 은혜'는 그래도 오늘의 나를 있게 한 큰 선물이었다. 그러나 그 범생이가 코스에서 살짝 이탈했던 단 한 번의 수련회는 더욱 귀하여 잊을 수 없다. 그때의 흔들림을 시작으로 나 자신에게 견딜 수 없을 땐 이탈하고, 도망가는 흔들림을 허용해 줌으로 그나마 오늘의 어쭙잖은 삶의 모양새라도 가지게 되었으니.

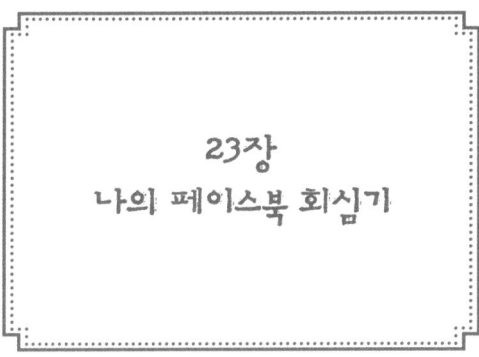

23장
나의 페이스북 회심기

엄마, 이것 봐요

아이가 자라면서 혼자 무언가 할 수 있는 일이 생기면 하는 말이다. 낙서 같기도, 피카소 작품 같기도 한 그림 한 장, 대충 쌓은 것 같은 블록 몇 개, 심지어 어떤 때는 도대체 뭘 보라고 부른 것인지 찾을 수 없는 경우도 있다. "와우, 잘 만들었는데!" 엄마의 피드백에 의기양양해져 또 다른 작품에 도전하며 자신감을 키우고 몸과 마음이 자랐다. 자아의식이 생기던 그때부터 우리는 '바라봐 주는 누군가'를 부르고 찾고 기다린다. 어른이 되어서도 마찬가지다. 빠르게 보편화된 SNS는 앞다투어 현시 욕구를 발산하고 충족시키는 광장이 되었다. 이렇게 맛있는 걸 먹고 있다, 난 이런 멋진 직업을 가지고 있다, 여친과 나 멋진 곳에서 데이트 중이다. 페이스북 뉴스피드에 띄운다. 그러고는 페친들의 '좋아요'를 기다린다. 어렸을 적 엄마가 "어머, 우리 아들 잘했어!" 했던 것과는 비교할 수 없는 관심이겠지만 그럴듯한 나를 봐 주고, 부러워해 주는 것이 좋다. 표현하는 방법이 조금 더 세련되고 아니고의 차이는 있을지언정 마음속 욕구는 비슷할 것이다. 남에게 보이려고 하는 의도가 아니면 왜 굳이 일기장에 쓰지 않고 페이스북 타임라인에 내놓겠나. 올리자마자 속속 늘어나는 '좋아요' 개수에 기분이 좋아지고 심지어 존재 자체로 인정받은 느낌까지 든다. 우리 모두는 봐 주는 사람이 필요한 존재다.

나도 널 본다

나도 수시로 본다. 시시각각 올라오는 친구들의 '지금 여기'를 본다. 친구의 글과 사진을 본다고 믿지만 많은 경우 그 '글'을 보는 것이 아니라 거기에 '내 마음'을 비춰 보는 것이다. '그 사람'의 '그 글'이 불편하고 '보기 싫다'고 느끼지만 불편함과 보기 싫음의 절대 잣대는 없다. 그 글이 내게 불편한 것이다. 내게는 몹시 불편한 글을 다른 멀쩡한 사람이 매우 좋다고 열광하는 것만 봐도 그렇다. 어떤 친구의 여행 사진에는 기분 좋게 '좋아요' 해 줬는데, 오랜만에 일상을 떠난다는 다른 친구의 공항 사진에는 '그래, 너 잘나가서 좋겠다. 좋은 직장이라 돈도 잘 벌고 휴가도 마음대로 낼 수 있으니' 하며 싸늘하게 쓱 밀어내리기도 한다. 저녁으로 뭘 먹었다는 시시한 글에 '좋아요'를 누르는가 하면, 어떤 친구가 고백하는 깊은 아픔을 읽으며 '위선 떨고 있네' 하며 시야에서 쓱 치워 버리기도 한다. 이런 심리적 '투사'는 일상에서 늘 일어나지만 얼굴 맞대고 커피 한잔 하면 자연스레 해소되는 것이 많다. 휴가 내고 해외여행 간다며 공항 사진 올린 친구를 우연히 만나 "여행 갔더라. 잘 다녀왔어?" 물었는데 직장 상사 때문에 사직을 고민하는 중이었다는 얘기, 그 얘길 하는 친구의 피곤하고 슬픈 눈을 마주하고는 '잘 나가서 좋겠다'며 뒤틀렸던 심사가 부끄러워진다. 이렇게 우리가 스마트폰 화면의 이미지로만 관계를 맺는다면 결국 투사 속에 허우적대다 과대망상, 피해망상 속에 빠져 돌아 버릴지도 모른다.

내가 나를 본다

애매하게 주어를 생략해서 쓴 위의 이야기들은 불특정 페이스북 이용자들 이야기가 아니라 바로 나의 이야기다. 사람을 좋아하고, 즉흥적인 반응에 강하고, 감각적인 농담 따먹기는 더 좋아하는 터라 페이스북은 딱 내 스타일이었다. 무엇보다 현시욕 강한 내게 페이스북은 재미와 의미가 공존하는 놀이터였다. 문제는 항상 바보들의 놀이 '비교'에서 시작한다. 본업은 아니지만 어쩌다 B급 글쟁이로 이런저런 글을 쓰고 있다. 의도하지 않았고, 원하지도 않았는데 페이스북의 타임라인은 내 글과 다른 사람의 글을 줄을 세워 보여 준다. '에잇, 이 사람은 도대체 언제 이렇게 책을 많이 읽은 거야. 글은 또 왜 이렇게 잘 써?' 하면서 투사가 일어나기 시작하면 마음은 금세 지옥으로 내려간다. 내 글보다 나을 것도 없는데 '좋아요'가 엄청나게 붙은 페이스북 친구의 글을 째려보고, 허점을 찾아내고, 그러다 자존감이 쪼그라든다. 신앙적으로든 정치적으로든 나와 입장이 다른 사람의 수려한 글을 읽다 보면 심장이 벌떡거린다. 나보다 기수도 낮고 공부도 그리 잘했던 것 같지 않은데 교수님 호칭을 달고 있는 후배를 페이스북 친구으로 만나는 날엔 유치한 줄 알지만 우울해지는 마음 어쩔 수 없다. 이 모든 것에서 이미지와 이미지의 충돌, 이미지를 붙들고 씨름하는 투사라는 것을 인식하기 위해 치러야 할 시간적 정서적 비용이 컸다.

나만이 나를 본다

연금술에서 '바스 헤르메티스'('vas hermetis' 라틴어로 '헤르메스의 그릇')라고 불리는, 금을 만들 때 사용하는 그릇이 있단다. 그 안에 납을 담고 그릇을 밀봉한 뒤 열을 가하면 변화가 일어난다고 한다. 행여 그릇이 깨지거나 금이 가서 열기가 새어 나가면 아무 일도 일어나지 않는단다. 심리학에서는 이러한 그릇을 '테메노스'(Temenos), 즉 심리적 그릇이라고 하는데 다른 사람들에게 새어 나가지 않는 나만의 비밀 장소다. 새어 나가는 비밀 없이 고요히 침잠한 심리적 에너지가 쌓일 때 납이 금이 되듯 심리적으로 성숙하고 통합된 인간이 되어 간다는 것이다. 금으로 단련되기 원하는 사람이라면 마음의 에너지를 단속할 일이다. 페이스북 등 SNS를 복잡한 심경으로 바라보다 뒤로 물러서고 그러다 어느새 다시 몸을 담그고, 또 한발 물러나고……. 이런 지점에서 나는 '테메노스'를 생각한다. 그럴듯한 나의 통찰과 경험을 드러내고 싶어 안달이 날 때 나의 테메노스에 깊이 던져 두기로 하면 시끄럽던 내면이 조용해진다. 타인이 포장해 내놓은 이미지를 바라보며 혼자 소외감 느끼고, 좌절하고, 분노할 때도 내 마음의 그릇에 담겨 있어야 할 욕망들이 투사되어 나와 춤추는 것은 아닌지 성찰해 본다. 드러내고 표현하길 권하는 투명 사회를 살면서 비밀스럽게 담아 두는 것의 미덕을 깊이 생각해 본다.

나의 페이스북 사용법

여전히 나는 페이스북 유저다. 뭣 모르고 뛰어들어 신나게 놀아 보기도, 마음을 다쳐 앓아 보기도 했다. 그러다 다른 사람 아닌 내 마음에서 일렁이는 욕구와 숨어 있는 욕망을 마주하게 되었다. 아, 내가 이 나이에도 나를 바라봐 주는 눈을 그렇게나 갈망하는구나. 아무것도 아닌 '좋아요' 하나에 울고 웃고 하는 어린아이 같은 내 모습이구나. 내가 불편하게 여기는 페친은 영락없이 나 스스로 보기 싫어서 밀어 넣고 숨겨 놓은 내 모습을 그대로 보여 주는 사람들이구나. 페이스북 뉴스피드를 거울로 인식하고 여기에 반사되어 꺾인 시선이 다시 내 안으로 향했을 때 생각의 전환, 일종의 회심이 일어났다. 그리고 내 의식 수준과 마음 그릇에 딱 맞는 페이스북 이용법을 찾아가는 중이다. 내 스마트폰 화면에 페이스북은 '언론' 카테고리 안에 들어 있다. 뉴스 기능을 하는 페이지나 개인만 팔로우하여 구독하고 있다. 뉴스를 보던 무심한 눈으로 친구들의 일상을 '보게 됨'을 당하지 않으려고 한다. 근황이 궁금한 친구는 일부러 검색해서 찾아 들어가 읽고 '좋아요'든 댓글이든 흔적을 남긴다. '조용히 훔쳐보기'가 모두에게 허용되는 곳이 SNS 타임라인이다. 은밀하게 훔쳐보며 내게 필요한 정보를 슬쩍 챙기고, 그러다 부러워하고, 부러워하다 손가락질하고, 얼굴 보면 아무것도 모른다는 듯 낯선 웃음을 짓는 나의 관음증적 관계들. 내 영혼이 갈망하는 참된 만남은 그 관음증적 관계를 뒤집은 정반대편 어딘가에 있지 않을까 하여.

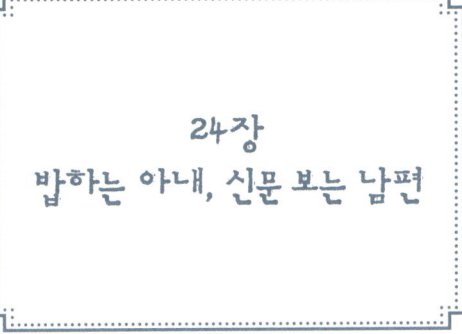

24장
밥하는 아내, 신문 보는 남편

췩췩췩…… 전기밥솥에서 밥이 익어 가는 소리가 그대로 온도와 습도가 되어 몸에 착착 감긴다. 끊임없이 오는 비에 온 집안이 젖은 빨래 같고 내 몸은 탈수기에서 막 꺼낸 빨래 같다. 그런 몸을 하고 저녁 준비를 하는데 프라이팬에 볶음 하나 하고 나니 젖은 빨래 같은 몸에서 땀이 뚝뚝 떨어진다. 김치냉장고에서 김치를 꺼내서 썰고, 냉장고 안쪽의 밑반찬을 꺼내고, 접시에 담고, 땀은 계속 흐르고…… 이쯤 되면 곤두선 안테나가 소파에 앉아 스마트폰 들여다보는 남편을 감지한다.

숟가락이라도 좀 놓지

'숟가락이라도 좀 놓지.' 이 한마디에 물론 착한 남편은 벌떡 일어나

숟가락도 놓고 퍼 놓은 밥사발을 가져다 놓기도 한다. 밥이 다 차려지고 식탁에 앉았는데 남편이 껄껄 웃으면서 말한다. "당신 참 한결같다. 신혼 때부터 지금까지 숟가락 좀 놓으라는 말은 똑같아." 내가? 신혼 때부터? 그랬던 것 같다. 헌데 10년이 훌쩍 넘도록 같은 말을 유발하는 당신은 뭐유?

한 끼 식사를 위해서 해야 할 일들이 너무 많다. 주부 15년 차를 바라보는 지금도 상을 보는 마지막 단계의 자잘한 일들에 능숙해지질 않는다. 밥도 퍼야 하고, 국도 퍼야 하고, 숟가락도 놓아야 하는 단계 말이다. 그 순간의 분주함에 자연스레 나온 말이 "숟가락이라도 좀 놓지"일 것이다.

그렇다고 남편이 가만히 앉아서 주는 밥만 먹는 정통 가부장을 자처하는 사람도 아니다. 설거지를 '해 준다'는 표현이 잘못됐다며 설거지를 '한다'로 의식적으로 고쳐 말할 줄 아는 나름대로 길들여진 남편이다. "숟가락 좀 놓지" 하는 말에 "어, 그래. 알았어" 하면서 정신 차리고 밥까지 풀 줄 아는 남편인 것이다.

그런데 뭐가 문제인가? 밥은 하루 세 끼를 먹고, 숟가락은 그때마다 놓아야 하는데 '숟가락 좀 놓지'의 효과는 그 끼니에서 끝난다는 것. 즉 하루에 세 번 밥을 먹는다면 하루 세 번 같은 말을 해야 한다. '숟가락 좀'인가 '숟가락이라도'인가에 따라서, 말에 실린 짜증의 강도에 따라서 한두 끼 더 효과를 낼 때도 있지만 분명한 건 반드시 '처음처럼'이 된다는 것.

밥을 '밥 먹듯이' 먹어야 하기 때문에 해야 할 일들

밥을 '밥 먹듯이' 먹어야 하기 때문인 것 같다. 점심에 아무리 맛있는 음식을 배불리 먹었어도 저녁이 되면 다시 배가 고파지고 밥을 먹어야 하는 이 기계적이며 원초적인 생리 현상 말이다. 즐거울 때나 슬플 때나, 건강할 때나 아플 때나 삼시 세 끼를 먹어야 하고 그 세 끼를 책임질 사람은 주부인 나다. 하루도 거를 수 없는 '밥 먹기'가 어찌 전적으로 엄마만의 책임이 되어야 할까? 새삼스럽다 못해 씨도 안 먹힐 질문이다.

결혼 초 신혼여행을 다녀와 본격적인 결혼 생활을 시작하고 얼마 안 됐을 때였다. 일주일 이상 말을 잃고 우울증에 빠진 것처럼 지냈다.

사랑하는 이를 위해서 보글보글 된장찌개를 끓이고 기름진 계란말이를 해서 준비하는 식탁. 여성성이 강한 나는 결혼 전 여러 번 상상하고 그렸던 로망이었다. 그래서 몇 번은 설렜다. 이벤트로 한 번씩 한다면 얼마든지 재밌게 할 수 있을 것 같았다. 헌데 아차차! 밥은 매일 '밥 먹듯' 먹는 것이었다. '내가 저 사람의 엄마도 아닌데 매끼 이렇게 밥을 책임져야 해? 평생?' 이것이 현실임을 인식했을 때 막막함으로 말을 잃게 된 것이다. 그렇다고 남편에게 '아침은 내가, 저녁은 당신이'라고 들이대 신혼의 달콤함을 망치고 싶지도 않았고 그럴 용기도 없었다. 무려 나는 '요리'를 좋아하는 여자였다.

남편이 가사 일을 돕지 않는 것이 아니다. 또 요리에 젬병이라는 자신의 한계를 충분히 알고 있어서 '밥하기 힘들면 나가서 먹자, 라면 먹자' 하는 태도였기 때문에 그럭저럭 적응하여 십수 년을 살아왔다. 그러다 어느 날 "숟가락 놓으란 소리 한결같다"라는 말에 한결같이 버거웠던 밥 당번의 책임감이 새삼스럽게 인식되었다. 매끼 제대로 챙기자니 힘들고, 그러다 몇 끼를 인스턴트 음식이나 매식으로 부실하게 먹이면 밀려오는 죄책감으로 마음이 어렵다. 일도 하고 글도 쓰며 멀티로 살아가지만, 식사 당번의 뇌는 끊임없이 돌아간다. '저녁에 뭐 해 먹지? 내일 아침 뭐 먹지? 우유가 떨어졌던가?' (어디 식사 당번뿐인가? 빨래 당번, 청소 당번에 아이들 스케줄 관리 매니저의 뇌는 어떻고!) 별다른 이유 없이 가끔 신경이 날카로워지고 우울해질 때가 있다.

어쩌면 그게 가족의 의(빨래와 다림질), 식(세 끼 식사), 주(청소)를 거의 전적으로 책임지고 살면서 한 번씩 책임감에 압도되어 나오는 증상 같기도 하다. 이럴 때 식구들은 슬슬 눈치만 본다. 이유 없(어 보이)는 엄마(아내)의 짜증에 '이유 없는 짜증을 왜 부리냐?'며 반박하지 못하는 것을 보면 식구들에게도 감은 있는 것이다. '저 사람이 기분이 틀어지면 내가 먹고사는 데 지장이 생긴다.' 이런 감? 세 식구의 먹고 입는 것을 책임지는 일이 보통 일은 아니라는 것에 대한 감일지도 모른다. 이렇듯 감은 있어서 눈치 슬슬 보는 식구들에게 "내가 식모야? 종이야?" 큰소리치는 나는 '갑'일까, '을'일까.

'남편은 바깥일, 아내는 집안일'이라는 만고의 진리?

문제는 '전적인 주부의 일'이라는 전제에 있는 것 같다. 남편은 바깥일, 아내는 집안일이라는 만고의 진리 같은 성별 분업에서 온. 남달리 요리도 좋아하고 대접하는 것에서 즐거움을 느끼는 나 같은 여자에게조차도 '오늘 저녁 뭘 해서 먹이지?'는 결코 가벼워지지 않는 부담감이다. 《엄마 되기, 힐링과 킬링 사이》(대한기독교서회)의 저자 백소영 교수는 모성 신화에 붙들려 도달할 수 없는 목표를 사는 엄마들이 "아프거나 미친다"라고 표현했다. 현대 사회에서 엄마로 사는 부담은 전업주부나 직장인이나, 조금 깨인 남편과 사는 여자나 앞뒤 꽉 막힌 소시지 남편과 사는 여자나, 원래 살림을 좋아하는 여자나 살림엔 젬병인 여자나 크게 다르지 않을 것이다. 살림도 좋아하고 남편도 나름 의식이 있어서 가사 일을 수시로 도와주는, 나처럼 배부른 여자도 가끔씩 아프거나 미치니 말이다. 수시로 찾아오는 이 '엄마병'은 여자 된 죄로 얻은 지병으로 안고 가야 할까?

얼마 전 강의로 인해 일주일 넘게 집을 비우는 일이 있었다. 결혼하고 처음 일이다. 애들도 웬만큼 컸고 현관문만 열고 나가면 싼 값에 한 끼를 때울 수 있는 식당이 허다하니 큰 걱정은 하지 않았다. 아주 초보적인 정보, 즉 아침 식사로 먹을 수 있는 것들, 냉장고에 준비된 밑반찬 등을 적어서 냉장고 문에 붙여 두었다. 집을 떠나온 지 하루 이틀 지나서부터 남편에게서 메시지가 날아들기 시작했다.

'아이들 아침 먹여 보냈다. 이걸 먹었다. 저걸 먹었다. 당신 정말 미안하고 고맙다.' 채팅을 할라치면 '오늘 저녁엔 아이들 뭘 먹이지? 내일 아침엔 또 뭘 먹는 게 좋을까?'를 후렴구처럼 반복하기도 했다. 난생처음 '체험, 주부 삶의 현장'을 해 본 남편이 식사를 비롯한 집안일, 아이들 숙제 봐주는 일에 대해서 말할 수 없이 진지해졌다. 어제도 오늘도 계속되는 '저녁에 뭐 해 먹지?'에 담긴 고뇌와 무게를 몸소 느끼게 된 것이다. 해도 해도 내일 할 일이 생기는 집안일에 대한 중압감을 말이다.

'체험, 주부 삶의 현장' 이후

'체험, 주부 삶의 현장' 이후로 남편이 조금 달라졌다. 밥을 차리고 있으면 '숟가락 좀 놓지' 할 새 없이 재빠르게 움직이며 식탁을 닦고 반찬을 꺼내 놓으며 아이들을 불러 모은다. 식사를 마친 후에도 출근 전 자투리 시간을 이용해서 그릇을 정리하고 음식 쓰레기를 모으기도 한다. '숟가락 좀 놓지'에 담긴 고단함을 머리가 아닌 몸으로 체험하며 공감하게 된 덕분이다. 나의 단순함일까? 사실 이런 태도로 충분하다. 가족을 먹이고 치우는 일이 온전히 나만의 일 아님을 확인해 주는 것 말이다.

먹고 입고 사는 일의 책임이 주부만의 것이 아니라 가족 모두의 일이라는 것을 제대로 인식해 준다면. 알게 모르게 엄마와 아내에게 드는 미안함의 본질이 거기 있다는 것을 알고, 어정쩡한 '을'이 되기보다 함께 '갑'이 되는 방식의 삶을 지향해 갈 수 있으면 좋겠다. 여하튼 아빠 발(發) 변화는 금세 아이들에게까지 영향을 미친다. 4학년 작은 아이가 출출하다며 간식을 찾으니 아빠가 거든다. "너 지난번에 엄마 없을 때 아빠가 달걀 삶는 것 가르쳐 줬지? 한번 삶아서 먹어 봐. 가스불 조심하면 돼. 무섭긴 뭐가 무서워?" 하니 타이머를 맞춰 가며 어찌어찌 혼자 달걀을 삶아 먹었다.

모든 공동체가 그러하다. '그대 섬김은 아름다운 찬송, 그대 헌신은 향기로운 기도' 하면서 한 사람에게 막중한 짐을 지우는 것으로 유지된다면 그 한 사람의 무릎이 꺾일 때 모두가 흔들릴 수밖에 없다. 한 사람이 아프거나 미치면 필연적으로 모두 아프게 되는 것이 공동체다. 하물며 가족이랴. 눈 뜨면 먹어야 하고 입어야 하는, 끝도 없는 일을 연약한 한 어깨에 지우지 않고 나눠서 지면 어떻겠는가.

남편의 자발적 숟가락 놓기와 아이의 제 손으로 달걀 삶아 먹기를 어떻게 잘 격려하고 유지할 수 있을까. 기분 좋은 고민을 해 본다. 아, 약 기운이 떨어지면 더 멀리 긴 여행을 떠나 식사 당번의 빈자리를 다시 확인시켜야겠다. 이 시대의 엄마로서, 딸이 아니라 특히 아들을 잘 키워 보려고 한다. 식사 준비할 때 자발적으로 숟가락 놓는 건 기본이고, 제 손으로 제 밥벌이를 할 뿐 아니라 제 손으로 밥을 지어 먹을 줄 아는 멋진 남자로 키우고 싶다. 그래서는 어느 딸내미에게 미련 없이 넘겨줄 생각이다. 적어도 그 딸내미만큼은 나 또는 우리 세대의 엄마들보다 덜 아프고 덜 미치고 살 수 있다면. 캬아, 그렇게만 된다면 내가 이 세상에 남기는 꽤 멋진 흔적 중 하나가 될 수도 있겠다.

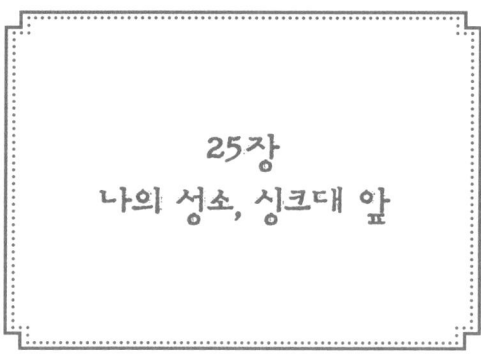

25장
나의 성소, 싱크대 앞

'강사'에서 성육신하여 아이들의 '밥'으로

교회마다 청년, 장년, 어린이 수련회를 하는 여름은 내게는 기분 좋게 분주한 시간이다. 드라이브하는 기분으로 한적한 수련회 장소를 찾아가 강의로 사람들 만나는 일이 좋다. 강의를 마치고 나면 담당 교역자나 부장 집사님, 부서의 회장님들이 따라 나와 감사의 말씀을 하신다. 차에 탈 때 한 번, 차를 빼고 나서 한 번, 출발하면서 한 번, 여러 번 인사를 거듭하며 황송하고 민망한 인사를 마치고 수련회 장소를 빠져나오면 비로소 강의 일정이 끝난다. 다시 홀가분한 드라이브 시간이다. 이 시간쯤 되면 이미 전화가 여러 번 와 있거나, 아니면 아이들만 있는 집에 자동으로 전화를 걸게 된다. "엄마, 강의 끝났어? 잘했어? 어디야? 그런데 우리 저녁 뭐 먹을 거야?" "우리 저녁 뭐 먹을 거야?" 이것은 "강사님, 강사님, 강의 너무 좋았습니다"에 취해서 비행기 타고 있던 나를 현실의 나락으로 뚝 떨어뜨리는 주문이다.

꼭 싫다는 말은 아니다. '엄마'를 보면 다짜고짜 '저녁'이 생각나는 아이들의 요구가 버겁긴 하지만 싫지는 않다. 이에 부응하여 '강사'에서 성육신하여 아이들의 '밥'이 되어야 하는 나의 역할 또한 마찬가지다. 언젠가 강의를 마치고 평소보다 조금 더 지친 상태로 집에 돌아오는 길이었다. 돌아가자마자 침대에 꼬꾸라져 한잠 자면 딱 좋겠다 싶었다. 지하철을 타면서 '하나님, 앉을 자리 하나만 점지해 주소서'라고 마음속으로 기도했지만 그분이 이런 부탁을 넙죽넙죽 들어주실 리 없다. 내내 서서 더 무거워지는 몸으로 '그럼 그렇죠, 뭐' 하며 심통이 쌓여 가고 있었다.

아침에 청소도 못하고 나온 집, "저녁에 뭐 해 줄 거야?" 하는 아이들까지 상상이 되니 "쉼이란 없구나" 넋두리가 저절로 나왔다. '내 인생이 그렇지, 뭐.' 어느새 심통은 자기 연민이 되어 인생 포기할 여자처럼 축 처져 집 앞 버스 정류장에 내렸다. 두 녀석이 싱글싱글 웃으면서 마중 나와 서 있다. 아이들 얼굴을 보자마자 기분이 확 좋아졌다. 양쪽에 한 손씩 잡고 칠렐레 팔렐레 걷고 있는데 슈퍼마켓 앞을 지나며 한 놈이 그런다. "엄마, 나 저녁에 꼭 먹고 싶은 게 있는데 허락해 줘. 딱, 딱 한 번만! 응? 제발." (뭐냐 이놈아. 어서 말을 하여라. 나는 피곤에 절어 인생 포기한 여자다.) "허락해 줄 거지? 우리 오늘 저녁에 컵라면 먹게 해 줘. 응? 제발이야." (하하하, 이 손쉬운 인스턴트 음식 같은 녀석들!) 사정 많이 봐주는 척, "그래. 알았어. 딱 한 번만이야" 하고는 속으로 '하나님, 땡큐!' 했다. '선물이야. 푹 쉬어'라며 윙크하시는 그분이 느껴졌다.

나에겐 아줌마로 돌아올 싱크대가 있다

드문 일인데 며칠 내리 강의가 있었다. 게다가 써야 할 글도 있어서 시간이 어떻게 가고 있는지, 그저 스케줄이 이끄는 대로 며칠을 살았다. 마지막 강의를 마치고 돌아오는 길에 화장실이 급해 들른 백화점 지하에서 폭탄 세일 갈비를 발견했다. 그게 눈에 들어오는 순간, '요 며칠 우리 식구들이 도대체 뭘 먹고 살았지? 뭘 해 준 기억이 없네. 학교 급식이 있어서 다행이고 남편 역시 점심 먹여 주는 직장이 있어서 다행이야'라고 생각했다. 갈비 한 팩을 싼값에 사 가지고 와 초스피드 요리를 하기 위해 싱크대 앞에 섰다.

하이힐과 정장을 벗어 던지고 반바지에 티셔츠 차림으로 싱크대 앞에 서니 손바닥만 한 다육이 화분이 나를 반긴다. 그 순간 존재 깊은 곳까지 닿을 듯한 알 수 없는 안도감이 나를 감싸는 것 같았다. 몸은 피곤한데 몸 너머의 또 다른 내가 새로운 에너지를 주입받는 느낌이었다. 이 편안한 자리에 서서 무슨 음식이라도 만들어 낼 수 있을 것 같은.

그 어떤 찬사도, 깍듯한 의전도 없고 끝도 시작도 없는 이 '솥뚜껑 운전수'의 자리. 사실 나는 이 자리를 사랑한다. 공들여 준비해도 한 번 먹어 치우면 끝이어서 오래 '공로'를 붙들고 있을 수 없는 자리, 그래서 억울하다고 징징거리고 화내는 날도 많지만 실은 내가 이 하찮은 자리를 깊이 사랑한다. 강사님도 선생님도 아닌, 그저 밥하는 아줌마로 돌아올 싱크대가 있다는 것이 얼마나 다행인지. 노동 또는 노력이 '공로'가 될 수 없는 곳일수록 본래의 나와 더 가까운 자리라고 생각한다.

'주부' 역시 페르소나이지만 말과 글로만 평가받고, 칭찬받고, 돈을 받는 '나'보다는 훨씬 더 가벼운 사회적 가면이다. 그래서 이 자리에 서기만 해도 업적과 공로로 박수받는 나로부터 물러서서, 보잘것없지만 사랑받는 존재에 가까워지는 것 같다. 싱크대 앞은 나의 성소(聖所)다. 투덜거림과 피곤함으로 서는 날이 많되 그럼에도 불구하고 거룩한 곳이다. 생각이 여기에 미치니 복음 성가 하나가 개사되어 입가에 맴돈다. "다시 싱크대 앞에 내 영혼 서네." 평생 부엌일을 하면서 하나님의 현존을 구하고 경험했던 로렌스 형제를 내 감히 떠올린다.

결국, '여자라서 행복해요'

이 거룩한 자리를 누려 보지 못하는 수많은 남성을 생각하며 잠시 연민의 묵념을 드린다. 그리고 이런 즐거운 상상을 해 본다. 밥 먹고 사는 일이 성(gender)에 의해서 금 그어져 나뉘지 않았더라면, 결혼 제도 안에서 남자와 여자가 너도나도 함께 밥하고 아이를 챙기고 빨래 돌리는 아름다운 공조가 애초부터 자연스러웠더라면. 그리하여 아이를 키우는 사람이라면 엄마든 아빠든 누구라도 앞다투어 칼퇴근하여 밥을 챙기고 숙제를 챙겨야 하는 세상이라면. 과학자 아빠도, 정치인 아빠도, 목사 아빠도, 대기업 사장님 아빠도 모두 아빠 된 은혜와 복으로 가사의 짐을 더 지는 세상이었다면. 그랬으면 어땠을까?

과학 기술은 지금보다 덜 발달했고, 신령한 목사님의 말씀에 넘어가 뒤집어진 성도는 더 적고, 성과급 연봉은 더 적을까? 그래서 우리의 가정이 더 불행한 상태가 될까? 성과와 명예에 목숨을 건 아빠들을 잠시 싱크대에 잡아 둠으로 사회적 교회적 대형 사고는 훨씬 줄어들지 않을까? 새벽 기도 마친 목사님이 아침 먹여 학교 보낼 아이들이 있다면 어디 당회실에 한가롭게 앉아서 안마 받을 생각을 할 수 있겠나. (내가 먹고, 사랑하는 내 아이가 먹어서 나온) 음식 쓰레기를 정리하고 버리는 냄새나는 손으로 '천하보다 귀한 영혼'을 '몸'으로 치부하여 음탕하게 주물러 대는 이런 미끈한 일을 하기는 쉽지 않을 것이다.

그리하여, 내게 가사 노동은 "왜 여자만?" 하며 한없이 툴툴거리면서도 그 앞에 서면 주님의 현존을 가까이 마주하는 자리다. 툴툴대며 서는 거룩한 자리다. 아침에 식구들을 내보내고 나면 '빨리 설거지와 청소를 해치우고 커피 한잔 내려서 메시지 묵상에 들어가야지.' 조바심 치는 때도 있었다. 요즘은 가장 느릿느릿 하는 일이 아침 설거지다. 아침부터 일이 있어서 이 여유로운 시간을 놓치면 오히려 아쉽다.

손으로 느껴지는 차가운 수돗물의 느낌, 물에 불은 밥그릇이 수세미에 닿으며 후루룩 씻겨 나갈 때의 느낌, 뽀드득뽀드득 헹굼질 할 때

나는 소리, 이 모든 것을 그분의 현존으로 들어오라는 초대로 알아듣는다. 그러니 서두를 필요가 없다. 아침 묵상은 이미 시작되었으니까. 고급스런 컬러에 얼음 나오는 냉장고와 반짝거리는 싱크대는 없어도, 풀 메이크업에 드레스 입은 세련된 주부가 아니라도 누구 못지않게 느낌 살려서 이 대사를 읊조릴 수 있다. "여자라서 행복해요."

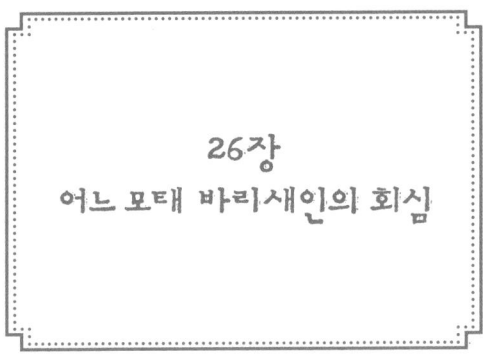

26장
어느 모태 바리새인의 회심

모태 바리새인 최고의 율법, '주일 성수'

'모태 바리새인'인 내게 주일 성수는 최고의 율법 덕목이다. 아흔을 바라보시는 나의 모태, 즉 우리 엄마는 주일에는 절대 매매 행위를 하지 않으신다. 그것을 목숨처럼 지켜 오셨다.

"예수 믿고 딱 한 번! 할머니 생신 선물을 준비하지 못해서 외상으로 원피스 한 벌 사고 다음 날 갚았다."

이 말씀은 계시록 마지막 절에 기록될 '우리 엄마 행전'이다. 지금도 자녀들이 모일 때마다 천국 갈 날이 얼마 남지 않았다며 유언처럼 힘주어 하시는 말씀이다. "주일 성수 혀라. 절대 주일날에는 뭐 사고팔믄 안 된다. 끔(껌) 하나도 사믄 안 된다." 나의 모태가 이러하다.

고등학교 때 갔던 수학여행 일정에 주일이 끼어 있었다. 나는 단박에 선택했다. 수학여행 가지 않고 학교에 남아서 자습하는 것으로. 담임 선생님의 온갖 설득과 핍박에도 굴하지 않았다. 기독반 지도 선생님까지 따로 불러 설득하시다가 급기야 화를 내시며 "야, 너 그런 식으로 하면 바리새인이야" 하셨다. '고딩 바리새인'이었던 나는 선생님들의 핍박을 온전히 기쁘게 여겼으니, 과연 나는 엄마의 딸이었다.

대학을 졸업하고 직장에 다닐 때였다. 주일 행사가 있어서 출근해야 하는 상황이었다. '직딩 바리새인'이었던 나는 장문의 편지와 함께 사직서를 써서 냈다. 내가 선택할 수 있는 유일한 길이었다. 당시 나는 가족의 생계를 책임지는 '소녀 (아니라 처녀) 가장'이었으니 역시 나는 '주일 성수의 사도' 엄마의 딸이었다.

이런 전설적인 주일 성수 경험담을 간직한 채 '주일 성수도 안 하는 것들이!' 하면서 자고했으니 모름지기 바리새인의 풍모는 다 갖춘 셈이었다.

20대, 교회의 딸로 열정을 다하여 살았지만 정작 내면은 공허한 날이 많았고 불편한 관계들이 산재했다. 토요일 오후 청년부 주보 만들기부터 시작해서 주일 늦은 저녁의 청년부 리더 모임까지 쉴 틈 없이 몸을 불살랐다. 그러다 보니 주님께 해 드린 것이 너무 많아서(?) 딱히 감사의 제목도 없었던 것 같다. 내가 복을 받았다면 그것은 응당 받아야 할 품삯 같은 것이니까. 어쨌든 '감사'는 오히려 주님이 마땅히 내게 하셔야 할 것이었다.

의인이라 칭하는 '죄인 바리새인'

젊은 날을 보내고 중년을 맞이하며 뒤늦은 영적 사춘기를 겪었다. 메마른 나날이 오래갔다. 삶의 모든 부분에서 하나님의 손길은 흔적도 없이 자취를 감춘 것 같았다. 나는 정말 축복받은 사람이고 고난 속에서도 찬송을 부를 수 있을 것처럼 살아왔는데 축복도 찬송도 신기루같이 사라지고 내가 서 있는 곳은 그저 먼지 날리는 사막이었다. 그리고 몇 년의 메마른 날 끝에 알게 되었다. 정작 말라비틀어져 있던 것은 '종교'라는 틀에 맞춰 사느라 생기를 잃은 내 영혼이었다는 것을. 내 열심과 행위가 증명한다고 자부했던 믿음의 증거들이 물거품같이 사라지고 난 후, 텅 빈 상실의 아픔 속에서 드러난 나의 실체는 의인이라 칭하는 '죄인 바리새인'이었다.

> 나는 주의 화원에 어린 백합꽃이니
> 은혜 비를 머금고 고이 자라납니다

이 노래는 어릴 적부터 나의 노래였다. 교회 안에서 받는 칭찬과 인정을 '은혜의 비'인 줄 알고 예쁜 짓만 하려고 애쓰는 어린 백합꽃이었다. 어느 때부턴가 아름답게 꾸미기 위한 '수고와 길쌈'에 지쳐 시든 백합꽃이 되어 가고 있었다. 아니, 메마른 땅에서 초점 없는 눈을 비벼 뜨고 보니 백합꽃이 아니라 차라리 엉겅퀴, 자기 의에 가득하여 어디서부터 손을 대야 할지 모르게 얽혀 자란 엉겅퀴 같았다.

백합꽃도 아닌, 엉겅퀴 같은 내게도 이른 비와 늦은 비를 내리시는 하나님을 만났을 때, 나는 비로소 사랑의 하나님을 가슴으로 느낄 수 있었다. "죄 있는 자들아 이리로 오라. 주 예수 앞에 오라" 이 찬양에서 말하는 죄인이 '저 세상 밖 주님을 알지 못하는 사람들'이 아니라 매 순간 내 의에 충만한 나 자신임을 고백할 수 있게 되었다. 제2의 회심이라고 해도 과언이 아니다. 웬일인가, 웬 은혠가. 모태 바리새인의 참회였다.

어릴 적부터 하나님은 내게 그런 분이었다. 저 하늘 높은 곳에서 (평일 말고 특별히) 주일 예배에 빠지지 않는지, 옷을 제대로 차려입고 가는지, 물건을 사지는 않는지(이때는 하늘로부터 가게 앞까지 내려오셔서) 불꽃 같은 눈으로 지켜보시는 분이었다. 그 불꽃 같은 눈을 의식하며 어쨌든 외양만큼은 백합꽃처럼 순결하고 착하고 예쁘고자 안간힘을 쓰며 살았던 것이다.

엉겅퀴가 되어도 여전히 내리는 은혜의 비가 있음을 눈물로 깨달으니 하나님의 불꽃 같은 눈은 다름 아닌 사랑에 불타 이글거리는 눈임을 알게 되었다. 그렇게 내 안의 바리새인을 직면하는 일이 아픈 일이었지만 그제야 비로소 자유케 되는 복음을 누릴 수 있게 되었다. 주의 영이 계신 곳에 있다는 바로 그 자유 말이다. 내 안의 바리새인이여 이제는 안녕, 안녕.

그렇게 나는 바리새인의 공회에서 탈퇴한 줄 알았다. 계명을 지키고, 순종해야만 반대급부로 하나님의 인정과 사랑이 주어진다고 믿는 사람들이 안돼 보이기 시작했다. 엄마의 신앙이야 (어쩔 수 없이 보고 배우기는 했지만) 철이 들면서부터 '기복주의'라며 비판하곤 했었다. 그러니 우리 엄마 같은 구제불능 바리새파 권사님들은 제외. 그 외 많은 목사님들과 열심 있는 신앙인들을 향해서 '저, 저 바리새인들' 하면서 두 번째 손가락 드는 일이 많아졌다.

내면의 바리새인을 만나다

자칭 타칭 믿음이 좋다고 하는 이들 곁에는 도통 가까이 가기가 싫더니 아예 그들과 나 사이에 확실하게 금을 그어 버리고 싶어졌다. 아니, '개독교'라 불리는 교회를 마주하고 서서 더 큰 돌을 던지는 것으로 나의 우월함을 증명하고 싶었다. 그것은 마치 중학교 1학년 되어 교복 좀 입었다고 어깨에 힘이 빡 들어가서는 초등학생들을 깔보는 형국이었다. 무엇보다 무한 손가락질 하는 그 대상은 바로 어제의 나였고, 나의 과거를 모두 짓밟아 오늘의 나를 좋게 보이려는 어리석은 몸부림이었다.

《아바의 자녀》(복 있는 사람)에서 브레넌 매닝은 누가복음 18장 11-12절에 나오는 바리새인의 기도에 대해 이렇게 말한다.

그의 기도는 이미 있는 것에 대한 감사가 전부다. 아직 없는 부분, 아직 되지 못한 부분에 대한 간구는 없다. 자신에게 아무 결함도 없다는 믿음이 그의 결함이다. 그는 남을 경멸한다. 남을 판단하고 정죄한다. 자기가 그들보다 우위에 있다는 확신 때문이다.

진정 그러했다. 작은 깨달음과 그로 인한 자유를 잠깐 누렸다고 어느새 그것이 애초부터 내게 있었던 것처럼 어제의 나와 같은 사람들을 깔보고 있었다. 결국 내 안의 바리새인은 '안녕' 하고 떠난 것이 아니라 훨씬 더 세련된 방식으로 나를 끌어가고 있었으니. 아, 나는 정말 소망이 없는 모태 바리새인이요 자기 숭배자인 것이다.

브레넌 매닝의 다음 말이 다시 길을 잃으려는 나를 가까스로 붙잡아 주었다.

> 자신을 눈감아 준 바리새인은 정죄받는다. 자신을 정죄하던 세리는 사함받는다. 우리 내면의 바리새인을 부정하는 것은 극히 해로운 일이다. 우리는 반드시 내면의 바리새인과 친해져야 한다. 함께 대화해야 한다. 그가 하나님 나라 바깥의 출처에서 평안과 행복을 구해야만 하는 이유가 무엇인지 물어봐야 한다.

내면의 바리새인을 미워하며 매일 돌이키되 없는 것처럼 부정하는 것은 방법이 아니었다. 내 안의 바리새인을 부정하고 안 보려는 노력이 타인을 향한 비난으로 쏟아져 나오고 있었으니 이제 내가 할 수 있는 것은 나의 무력함을 인정하는 것 외에 무엇이 있을까?

요즘 나의 예배, 주일 성수는……

주일 성수에 관한 온갖 무용담을 듣고 예배에 나가던 시절, 예배가 참 좋았고 행복했다. 뜻하지 않은 영혼의 어두운 밤을 겪을 때는 예배를 통해 도통 하나님이 느껴지지 않아 울고만 싶었다. 바리새인이었던 나를 인정하고 나니 참회의 눈물 외에는 예배에 가져갈 수 있는 것이 없었다. 그 눈물이 마르기 시작하면서 그래도 이제 '바리새인은 아닌 나'에 대한 자부심으로 다시 예배가 행복해지기 시작했던 것 같다. 여전히 내면의 바리새인은 얼굴만 바꾸고 자리를 차지하고 있음을 확인하고 또 확인하는 요즘 나의 예배는, 주일 성수는…….

우리 교회에선 예배 30분 전에 도착해야 본당에 들어갈 수 있다. 물론 나는 본당을 포기할 수 없다. (바리새인 체면에 영상으로 예배를 드리다니 말이 되는가.) 30분 전에 본당에 입성하여 오르간 소리에 마음을 실어 가장 고요한 기도를 드린다. 일주일을 돌이켜 보고, 지금 내 마음이 어디에 가 있는지를 점검해 보고, 그리고 나는 결국 절대자 앞에 예배할 수밖에 없는 존재임을 깊이 인정한다는 고백으로 소중한 30분을 보내고 싶은 마음이 간절하다.

그러나 현실은 그게 아니다. 뒤쪽에 앉으신 부부는 주보에 끼어 있던 월말 회계 보고 내용을 짚어 보며 토의중이시고, 커트라인에 걸려 몸을 던져 본당을 사수하신 여자 교우 두 분은 '30분 전에 본당이 꽉 차도록 사람이 밀려드는 이유'에 대해 폭풍 수다 중이시다. 물론 오르간의 볼륨에 맞춰 소근소근 소근소근, 이렇게 말이다.

사실을 말하자면 그전의 상황은 예를 들어 이렇다. 주일 아침 본당에 도착할 때는 내 맘이 홀리 홀리 홀리 그 자체다. 자, 본당에 도착했다. 의자 안쪽에 빈자리가 남아 있다. (끝자리가 비어 있는 경우는 많지 않다. 안이 텅 비었어도 보통은 먼저 오신 분의 특권으로 끝자리를 차지하시는 것이다.) "죄송하지만 안으로 좀 들어갈게요" 하며 굽신굽신할 때 밝게 웃으면서 "네, 들어가세요. 아니, 제가 들어갈게요"라고 하시는 분은 찾아보기 어렵고 비켜 주시며 인상만 안 쓰셔도 감사한 일이다.

그렇게 자리에 앉아서 소곤거리는 분들의 대화를 듣고 있자면, 기도는 무슨 기도! 눈 감고 앉아서 그분들 성토하기에 바쁘다. '예배에 온 사람들이, 그것도 본당 사수를 위해 30분 전부터 이 자리를 지키는 열심이 특심인 사람들이 말이야. 옆에 있는 사람 헤아려 배려하는 태도라곤 없다니 도대체 이러려면 뭣하러 본당까지 온 거야?' 이렇게 말이다.

예배는 하나님 앞에서 내가 죽는 일

예배가 무엇인지에 대해 내가 배운 최고의 정의는 이것이다.

"예배는 하나님 앞에서 내가 죽는 일이다."

레위기에 나오는 소제처럼 나를 곱게, 가루처럼 갈아서 드리는 것이라고 배웠다. 죽으러 나간 예배에서 곁에 앉은 사람들의 경박함과 배려 없음의 사람 냄새에 미움과 분노로 살기등등해지는 나다. 사회자의 목소리 톤이며, 성가대의 찬양은 물론 설교에서의 논리적 허점까지 일일이 체크 리스트를 만들어 평가하고 있는 나. 정작 그런 나 자신을 평가하는 일은 누구의 몫이란 말인가?

이 순간 내게 있어 예배는 보이지 않는 하나님을 향해 거룩한 찬양과 기도를 올리는 것보다 먼저 내 마음의 집게손가락을 거두는 일이다. 물론 그 집게손가락의 방향을 돌려 '이런 교만하고, 자의식이 강한 천하의 바리새인 같으니라고. 그래 가지고 무슨 예배를 드린다고 하느냐'면서 나를 비판하는 것도 멈추어야 한다. 내 안의 바리새인을 비판하는 것이나, 내 옆에 앉은 세리를 비판하는 것이나 결국 내가 의로움의 주체가 된다는 의미에서는 똑같은 놀음이다. 내 밖에 있는 바리새인은 물론 세리를 관용하는 일은 결국 내 안의 바리새인을 인정하고 수용하는 일에서 시작되기 때문이다.

긴 세월을 방황하며 성화의 길을 걸어왔다 해도 예배의 자리에 서서 나는 다시 확인한다. 내 안의 바리새인을. 내 존재에 대한 깊은 깨달음과 회개는 어느새 다시 자기 의가 되고 타인을 향한 판단의 잣대가 되어 버리는 딜레마를 안고 그대로 예배로 나간다. 나를 불편하게 하는 사람들을 잠시라도 마음으로 품어 주지 못하는 나 자신을 확인하는 것에서 나의 예배와 주일 성수는 시작된다. 십자가의 보혈 외에는 달리 써 볼 방법이 없는 구제 불능의 자기 숭배자다. 내 힘으로는 도통 어떻게 해 볼 수 없는 내 안의 바리새인을 끌어안고 십자가 앞으로 가는 그것이 오늘 나의 예배이며 주일 성수다.

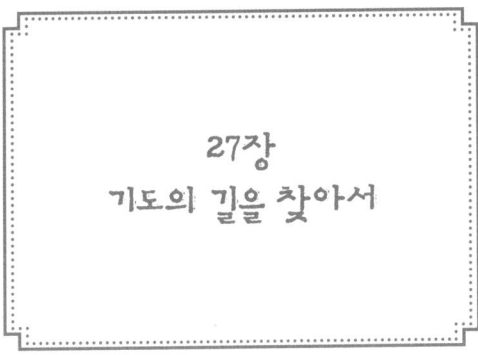

27장
기도의 길을 찾아서

엄마의 기도, 기도의 여정에서 만난 첫 이정표

학창 시절, 새 학년 새 학기가 시작하는 3월은 긴장의 나날이었다. 친구와 선생님을 새로 만나야 한다는 낯섦에 대한 부담에 학년이 올라갈수록 커지는 학업에 대한 부담까지 더해지니 말이다. 학기가 시작하는 3월과 9월, 엄마는 밤마다 철야 기도를 했다. 저녁에 아홉 시쯤 교회에 가시면 밤을 꼬박 새우고 새벽 기도를 마친 후 일곱 시나 되어야 집에 돌아오셨다. 그저 엄마의 습관이려니 했었는데 내가 학부모가 되어 보니 그 마음의 절절함을 알 듯하다. 아이가 가진 부담감을 모르지 않지만 엄마로서 해 줄 수 있는 것이 없다. 같이 학교에 가 줄 수도, 공부를 대신해 줄 수도 없다. 게다가 일찍 남편을 하늘나라에 보내고 어린 남매를 혼자 키워야 하는 엄마로서는 아버지이며 남편인 하나님께로 가 무릎을 꿇는 선택 외에는 없었던 것이다. 아니, 훨씬 이전부터 엄마는 그랬다. 시골 작은 마을에서 목회를 하던 아버지와 하루 종일 심방을 하고 돌아오신 날 밤에도 자다가 깨 보면 엄마의 이불이 푹 꺼져 있다. 또 교회로 가신 것이다. 아주 어릴 적에 연탄가스를 마시고 정신을 잃었다 깨어난 곳은 교회 마당, 엄마의 등이었다. "주 안에 있는 나에게 딴 근심 있으랴" 기도인지 찬송인지 모를 목소리가 엄마의 등을 통해 내 볼로 전해지던 기억이 어제 일처럼 또렷하다. 기도는 원래부터 모든 엄마들의 의무인 줄 알았다. 밥을 해 주고 빨래를 해 주는 것처럼, 기도는 엄마 역할의 기본 옵션인 줄 알고 자란 것이다. 시험 날에는 내가 시험 치는 시간 내내 엄마가 집에서 기도하는 줄 알고 있었기에 못해도 잘할 줄 알았다. 시험뿐 아니라 엄마가 기도하니까 내가 뭘 해도 잘할 줄 알았다. 엄마의 기도는 이 험한 세상 살아가는 나의 비빌 언덕이었던 것이다.

엄마 기도의 빛과 그림자

그러나 또 신앙의 여정을 돌이켜 보면 엄마의 기도만큼 싫은 것이 없다. 몸이 약해서 자주 병치레를 했던 나를 놓고 신유의 은사를 받았다는 엄마는 수시로 안수 기도를 하셨다. "나사렛 예수 이름으로 명하노니 더러운 마귀야 썩 나와라." 엄포를 놓는 엄마 목소리가 얼마나 싫고 무서웠는지 모른다. 웬만한 일은 다 기도로 해결하려는 엄마의 단순함이 날이 갈수록, 머리가 커질수록 싫어졌다. '엄마처럼 살지 않을 거야' 하는 말 속에 담긴 엄마에 대한 애증처럼 '기도' 역시 내게는 가장 갈망하면서 동시에 가장 피하고 싶은 신앙 행위였다.

'기도하면 된다. 기도하면 들어주신다. 우리의 작은 신음에도 응답하시는 하나님' 이런 확신이 마음에 차오르면 당장은 돈이 없지만 내일이면 밀린 월급을 한꺼번에 받을 것만 같은 소망이 반짝 샘솟는다. 그래서 소망을 품고 기도한다. 또 '기도 응답의 조건'은 '믿음으로 구하는 것'이라니까 '될 줄로 믿씁니다'를 빼먹지 않는다. 그러나 그렇게 구했던 많은 기도의 제목들이 '응답' 아닌 '거절' 판정 받기 일쑤다. 엄마가 '기도해 보니 잘될 것 같다'던 일이 잘되지 않은 일이 얼마나 많았던가? 청소년기와 청년 시기를 지나면서 나는 정말 우리 엄마가 믿는 것처럼 하나님이 모든 기도에 응답해 주시는 분이었으면 좋겠다는 마음으로 기도했다. 기도를 하면서는 미리 좌절했다. '칫, 이런 것까지 들어주실 리 없어. 그래도 어쩌겠어. 졸라는 봐야지' 하는 심정이었을까?

수련회의 기도, 집에서도 할 수는 없나요?

중·고등부 때는 물론 청년부 수련회의 뜨거운 기도 시간에 아주 잠깐 누리는 천국 같은 평안함, 세상 누구와도 잘 지낼 수 있을 것 같은 관용의 마음, 무엇보다 하나님 한 분이면 될 것 같은 만족감은 그 시절 내 기도의 절정이었다. 그러나 그 절정은 너무도 짧아 1년에 한 번, 합치면 1시간도 안 되는 시간이라는 것이 함정. 일상에 돌아오면 바라던 직장에 꼭 가게 해 달라고, 마음에 둔 형제도 나를 좋아하게 해 달라고, 나를 괴롭히는 직장 선배 좀 어떻게 해 주시라고 기도하며 다시 답이 없는 나를 확인한다. 하나님 한 분을 바라보되 그분 손의 쇼핑백을 수시로 힐끗거리게 된다. 그게 아닌 것을 알지만 매일 집에서 수련회를 할 수도 없으니 기도는 자주 길을 잃었다. 결혼을 하고 나이가 들수록 기도에 대한 열망은 커지지만 기도는 나아지는 것 같지가 않았다. 어른이 되었으니 져야 할 책임이 많아진 만큼 그만큼의 무력감을 느꼈고, 그 무력감은 '기도'가 되었다. 기도라 봐야 '이런 요구 조건이 있지만, 하나님 맘대로 해 주세요'였으니 이건 뭐 믿음이 있는 것도 아니고 없는 것도 아니다. 기도를 배우고 싶었다. 리처드 포스터의《기도》(두란노), 김영봉의《사귐의 기도》(IVP), 포사이스의《영혼의 기도》(복있는 사람), 래리 크랩의《파파 기도》(IVP)를 읽으며 기도는 '하나님과의 관계'라는 것을 알게 되었다. 그래, 그 관계 말이다. 20분 정도 내 요구 조건 브리핑하고 나면 할 말이 없어서 쩝쩝거리는 대화가 아니라 그분과의 만남이 너무 좋아서 하염없이 앉아 있고 싶은 관계, 그렇게 될 수는 없을까? 그런 기도를 할 수는 없을까?

기도의 길을 잃다

그런 갈망에 더욱 목이 말라갈 무렵 남편은 목회자가 되기로 결심하고 늦게 신학대학원에 입학을 했다. 새벽잠이 많아서 목사는 할 수 없을 거라고 부모님께 농담을 듣던 남편의 새벽이 영롱해지기 시작했다. 아침마다 신학대학원에서 새벽 기도를 마치고 나서 보내오는 메시지에서 하루가 다르게 투명해지는 그의 영혼이 느껴졌다. 나 역시 그러고 싶었다. 그러나 알 수 없는 것은 깊고 투명한 기도를 갈망할수록 내 기도는 메말라 가는 것이었다. 방언을 구해 보기도 했으나 그분의 쇼핑백에서는 방언의 은사는커녕 이제 사소한 기도 응답도 나오지 않을 것 같아 보였다. 신학대학원을 마치고 남편이 전임 사역을 시작하자 내게 '사모'란 이름으로 새벽 기도 의무 사항이 주어졌다. 새벽 기도를 안 하는 사모는 세상 무엇을 한다 해도 치명적인 결격 사유를 가진 것으로 치부되는 것 같았다. 거기에 더하여 '기도의 여사도(女使徒)' 친정 엄마 역시 거드신다. "너 새벽 기도 해야 헌다. 내가 기도혀도 소용없어. 사모가 기도허야 김 서방이 목회 성공하는 거여." 내가 가장 잘 하고 싶은 것이 기도인데, 기도에 대한 열망과 열정이 새벽 기도 하나로 대치되어 내 존재를 판단받게 되다니 분열이 일어날 것만 같았다. 게다가 그 새벽 기도에 나가면 큰 소리로 기도하지 않는다는 꾸지람을 듣거나 정죄당하기 일쑤였다. 새벽 기도에 나가면 내 존재가 분열될 것만 같은 고통으로 눈물만 하염없이 쏟다가 돌아오곤 하였다.

침묵 기도로 가는 신비로운 이정표

이즈음 직업적 필요 반, 신앙적인 갈망 반으로 공부를 하나 시작했다. '성격 유형'에 관한 공부라 생각하고 시작했는데 우연 같은 필연으로 가톨릭 기관에서 배우게 되었다. 알고 보니 단지 '성격 유형'이 아니라 '거짓 자아'에 대한 공부였고, 예수회 신부님들의 자기 성찰을 위한 영성 수련 방법 중 하나였다. 머리를 키우려다 마음을 터치하는 도구를 만난 것이다. 이렇게 열린 문은 신비롭게도 침묵 기도 피정으로 가는 길로 이어져 있었다. 단지 말을 하지 않음이 아니라 생각과 욕망의 침묵을 통해서 비로소 내 존재의 중심에서 세미한 음성으로 말씀하시는 주님을 들을 수 있음을 배웠다. 그렇게 배운 침묵 기도를 통해서 그렇게 갈망하던 쇼핑백 아닌, 쇼핑백 든 하나님을 조금씩 응시하게 되었다. 애써 선택한 것이 없는데, 그저 깊은 기도에 대한 갈망만 붙들고 있었는데 어느새 나는 멀리 와 있었다. 목회자의 아내로 '보이기 위한 기도'에 대한 압박으로 괴로워 흘리던 눈물을 '하나님' 아닌 '하느님'이 닦아 주시는 것 같았다. 오랜 세월 그렇게 갈망하던 기도를 ('기도의 사도'인 엄마가 이단이라 믿으시는) 가톨릭에 와서 배우게 되다니. 낯선 예전과 언어들 속에서 남의 나라 언어를 처음 배우기 시작한 사람처럼 위축이 되기도 했다. 그리고 낯선 어느 경당에 앉아 하염없이 흐르는 눈물을 어쩌지 못하며 주님께 아뢰었다. '주님, 저는 지금 어디에 와 있는 것인가요? 이 낯선 곳에서 이방인같이 앉아 있습니다. 엄마에게 배운 기도가 있는데, 내 어머니의 교회에서 배운 신앙의 전통이 있는데 나는 어쩌다 여기까지 흘러온 것인가요? 당신은 하나님인가요, 하느님인가요? '동냥젖을 얻어먹는 아기처럼 배고파 정신없이 빨지만 마음까지 편안한 건 아니었다. 깊은 울음과 긴 흐느낌 끝에 사랑하는 베드로를 바라보시던 예수님의 눈동자가 나를 향하고 있음을 느꼈다. 마음의 눈을 들어 그 눈빛에 내 눈을 맞췄다. 아, 예수님이 나를 이렇게 보고 계시는구나. 공허한 기도 속에서 정신없이 그분을 찾아 돌아다닐 그때도 이 눈빛은 나를 향하고 있었구나. 하나님이든 하느님이든 그분의 아들이시며 그분 자신이신 예수님이 말이다.

쉬지 않는 기도

　삶은, 신앙은 신비다. 주변에 누구도 걸어 보지 않은 여정 속에서 혼란스러웠지만 혼란보다 큰 평안이 점점 나를 감싸 가고 있었다. 그분과 연결되고 싶은 열망 하나로 먼 길을 돌아왔지만 그분이 바로 내 안에, 내가 있는 바로 여기에 계셨다. 한적한 피정집이나 내가 자란 교회의 예배, 둘 중 한 곳에만 계시는 것이 아니었다. 복잡하고 시끄러운 일상 한가운데에서도 그리운 하나님과 연결될 수 있었고, 그것이 기도였다. 아이의 성적표를 받아들고 무한 경쟁의 세상에서 내 아이만 뒤로 처지는 것은 아닐까 극한 불안감에 휩싸일 때, 어딘가에서 나를 비난하고 있을지 모르는 관계가 틀어진 친구를 상상하며 두려워지는 순간에, 더 이상 남편의 연약함을 이해하고 싶지 않아서 강퍅하게 마음 문을 닫아 버린 어느 날. 바로 그 순간에 지체하지 않고 주님을 부를 수도, 그것이 가장 깊은 기도가 될 수 있다는 것도 알게 되었다. 메말라 윤기 없는 목소리로 "하나님의 아들 예수 그리스도여 저를 불쌍히 여기소서"라며 그분을 부를 때, 불안과 두려움과 분노를 밀어내고 들이닥치는 사랑의 침노를 느낄 수 있다. 불안과 두려움과 분노의 원인이 당장 사라지지 않는다 해도 괜찮다. 이런 나를 불쌍히 여기며 바라보고 계신 사랑의 눈동자는 내가 고개만 들면 눈 맞춤 할 수 있는 곳에 아주 가까이 계시니 말이다. ('쉬지 말고 기도하라'는 도달 불가능한 목표가 아니었구나.)

나의 기도는 이런 것

식구들이 모두 나가고 난 집 안. 여기저기 널려 있는 옷가지며 싱크대에 쌓인 설거지감은 복잡한 내 마음 같다. 그래도 라디오 FM에선 쇼팽이 흘러나온다. 설거지를 하고 청소기를 돌리는 내 마음이 편안하게 조급하다. 이걸 마치고 거실의 낡은 탁자 앞에서 있을 데이트 때문이다. 아무런 꽃단장이 필요 없는 만남이다. 아니, 얼룩이 묻거나 찢어져 상처가 흉할수록 더 귀하게 대접받는 데이트다. 얼룩과 상처를 내보이고 아픔과 두려움을 인정하면서 시작되는 기도는 그분의 충만한 현존으로 나를 이끌어 간다. 어떤 때는 속이 시끄러워 그 자리에 앉아서 단편 소설을 써 대기도 한다. 그래도 괜찮다. 그 단편 소설 그냥 그대로 흘려보내고 다시 내 연인의 눈을 바라보면 여전히 그 눈빛 그대로 여기 계시다. 이 아침의 기도가 깊어질수록 일상 속 '쉬지 않는 기도'는 더 힘을 받는다. 매일 마음의 얼룩을 지운다고 지워도 나도 모르게 끼는 묵은 때가 있다. 이것이 쌓이면 가까이 계시는 그분의 눈동자가 흐릿하게 보인다. 일상의 의무를 벗어나 그분과 단둘이 긴 시간을 보낼 때가 왔다는 신호다. 이삼일 엄마가 피정을 가겠다는 말에 아이들의 반발이 거세다. 왜, 왜 꼭 기도하러 가야 하냐는 아이들의 질문에 아빠가 부지불식간에 대답을 내 놓았다. "응? 엄마가 기도 안 하면…… 음, 죽어." 아이들의 원성을 잠재우기 위한 극약 처방으로 나온 표현이지만 내 가슴에 박혔다. 기도 안 하면 죽어.

많은 문제로 고민을 하던 헨리 나우웬 신부님이 캘커타의 테레사 수

녀님을 만났다고 한다. 그 기회에 테레사 수녀님의 충고를 듣고자 긴 시간 자신의 문제와 고민을 털어 놓았다. 나우웬 신부님이 입을 다물자 테레사 수녀님은 조용히 말했다. "글쎄요. 하루 한 시간씩 주님을 사모하며 보내고, 잘못인 줄 아는 일은 전혀 하지 않는다면 아무 문제 없을 것입니다." 기도를 향한 여정 끝에 생의 오르막길 마지막에 다다랐을 때 내게 주신 주님의 말씀이기도 하다. 하루 한 시간씩 주님을 사모하며 보내고, 잘못인 줄 아는 일은 전혀 하지 않는 삶. 나의 기도와 기도의 삶은 이런 것이다.

28장
이 거룩한 현재

다시 가을이 오는 길목의 저녁, 강변으로 나간다.
마포 나루에는 늘 현재로 흐르는 강물이 있다.

현재의 나, 지금의 너, 오늘의 우리가 충분치 못하여
내 마음의 강은 내일로 흐른다.
하염없이 내일로 흘러간다.

내일을 위해,

더 열심히 노력해야지.
더 친절해져야지.
더 영향력 있는 사람이 될 거야.

더 현명해야 하고 말고.
더 명랑해야지.
더 잘해 내고야 말겠어.
더 겸손해야지.
더 기도해야지.

충분한 만큼의 '더'는 언제쯤 이루게 될까.
'더'를 이루면 행복해질 수 있을까.

어제나 내일이 아닌 지금을 흐르는 강물이 일렁일렁 읊조린다.
현재를 사는 것보다 더 고통스러운 일이 있겠는가.
지금 아니고 언제의 행복이 진짜 행복일 수 있겠는가.
행복이며 고통인 거룩한 현재여.

마포 나루에는 언제 찾아가도 늘 현재로 흐르는 강물이 있다.
보잘것없어 거룩한 나의 현재가 있다.

나의 성소, 싱크대 앞

초판발행	2016년 06월 20일
지 은 이	정신실
발 행 인	김수억
발 행 처	죠이선교회(등록 1980. 3. 8. 제5-75호)
주 소	130-861 서울시 동대문구 왕산로19바길 33
전 화	(출판부) 925-0451
	(죠이선교회 본부, 학원사역부, 해외사역부) 929-3652
	(전문사역부) 921-0691
팩 스	(02) 923-3016
인 쇄 소	송현문화
판권소유	ⓒ 죠이선교회
I S B N	978-89-421-0373-7 03230

책값은 뒤표지에 있습니다.
잘못된 도서는 교환하여 드립니다.
이 책의 내용을 허락 없이 옮겨 사용할 수 없습니다.

이 도서의 국립중앙도서관 출판예정도서목록(CIP)은 서지정보유통지원시스템 홈페이지(http://seoji.nl.go.kr)와 국가자료공동목록시스템(http://www.nl.go.kr/kolisnet)에서 이용하실 수 있습니다. (CIP제어번호 : CIP2016014828)